当场就签单 2

就

营业マンは「商品」を売るな！

[日] 加贺田晃 / 著　罗梦迪 / 译

签单

2

文化发展出版社

Cultural Development Press

图书在版编目（CIP）数据

当场就签单.2 /（日）加贺田晃著；罗梦迪译. —
北京：文化发展出版社，2020.6
　　ISBN 978-7-5142-2997-4

　　Ⅰ.①当… Ⅱ.①加… ②罗… Ⅲ.①销售－方法
Ⅳ.①F713.3

中国版本图书馆CIP数据核字（2020）第077604号

版权登记号图字：01-2019-6798

EIGYOMAN WA "SHOHIN" WO URUNA!
BY AKIRA KAGATA
Copyright © Akira Kagata，2013
Original Japanese edition published by Sunmark Publishing, Inc., Tokyo
All rights reserved.
Chinese (in Simplified character only) translation copyright © 2020 by Beijing Xiron
Books Co., Ltd.
Chinese (in Simplified character only) translation rights arranged with Sunmark
Publishing, Inc., Tokyo through Bardon－Chinese Media Agency, Taipei.

当场就签单.2
著　　者：［日］加贺田晃
译　　者：罗梦迪

责任编辑：肖润征
特约监制：魏　玲　潘　良　宋美艳
产品经理：张金蓉
特约编辑：郑晓娟
封面设计：红杉林文化
出版发行：文化发展出版社（北京市翠微路2号　邮编：100036）
网　　址：www.wenhuafazhan.com
经　　销：各地新华书店
印　　刷：河北鹏润印刷有限公司

开　　本：880mm×1230mm　1/32
字　　数：100千字
印　　张：6
印　　次：2020年7月第1版　2020年7月第1次印刷
定　　价：39.80元
ＩＳＢＮ：978-7-5142-2997-4

什么样的销售员可以被称为"专业"的？

答案是——怀有善意、满腔热忱的销售员。

只要有善意和热情，你就可以做到"天下无敌"。

这个世界上，没有卖不出去的东西。

目 录

CONTENTS

序 言 / 1

第一章　**销售员需要"爱"和"热情"**

"销售之神"——加贺田晃的师父是何方神圣？ / 003

吾师其一——盗贼的漫画 / 005

吾师其二——配送报纸与推销报纸 / 006

吾师其三——学校老师教导的格言 / 008

初恋教会我"事情的先后顺序" / 009

销售员应先营销自己，再推销商品 / 013

避免导致对方不悦的服装、准备工作和礼仪 / 014

"爱"和"热情"是销售员的全部 / 016

"实战演习"取悦对方的会话集 / 017

与对方攀谈的过程中，"羞耻心"逐渐消失 / 020

先宣传优势，后介绍商品 / 021

客户追求的不是商品本身，而是"必要性" / 024

第二章　向客户致以最大的爱意和敬意——礼仪篇

不可不知的礼仪和法律 / 031

不懂礼仪的销售员之一——涂饰工人 / 034

不懂礼仪的销售员之二——摩托车店 / 036

不懂礼仪的销售员之三——地暖工人 / 038

人人都有"自尊心" / 039

重大礼仪之一——绝不否定对方 / 041

重大礼仪之二——每次只做一件事 / 042

重大礼仪之三——无论何时都不要沉默 / 043

重大礼仪之四——为下一个动作留出 0.1 秒

　的空白时间 / 044

礼仪实践（一）——企业访问和寒暄 / 045

礼仪实践（二）——感动客户的开门（关门）

　　方式 / 047

礼仪实践（三）——优雅地处理名片 / 049

礼仪实践（四）——销售员的位置和坐法 / 051

礼仪实践（五）——怎样处理面前的茶水？ / 054

即便是寄放销售也不能偷工减料 / 056

工作中的销售员切忌闲聊 / 057

客户的电话忽然响了，我该怎么办？ / 058

老奶奶的出现是个好机会 / 061

帮老板做点儿杂活或招呼客人 / 064

第三章　**说话方式决定成败——话术篇**

让客户敞开心扉，引导客户做出决定的说话

　　方式 / 069

销售员应重点注意的两种说话方式 / 071

销售话术（一）——做客户的福星，愉快地

　　交谈 / 072

销售话术（二）——说话时要朝向对方的胸口 / 074

销售话术（三）——喜欢上你的沟通对象 / 075

销售话术（四）——使用华丽的语言，向对方

致以最高的敬意 / 076

销售话术（五）——使用准确的销售敬语 / 077

销售话术（六）——引导对话的节奏 / 082

销售话术（七）——丢掉羞耻心 / 088

销售话术（八）——说话时调动你的心灵、脸部

以及整个身体 / 089

销售话术（九）——说话时区分轻重缓急 / 090

销售话术（十）——节奏分明，发音清楚 / 096

销售话术（十一）——友好、亲切地交谈 / 098

销售话术（十二）——说话时表现出兴奋 / 100

第四章　做销售，最大的敌人是你自己的软弱

性弱说——人之初，性本弱 / 105

每天给自己制造一些"喜悦和恐惧" / 107

永远不要说"不可能""太难了""做不到" / 111

越逞强，越优秀 / 113

"常识"什么的都是胡说八道 / 114

对于销售员而言不可或缺的"精英之路" / 115

销量不佳，必有原因 / 118

卖不出去的原因（一）——你还记得自己的

梦想吗？ / 119

卖不出去的原因（二）——有没有给自己制造

"喜悦和恐惧"？ / 121

卖不出去的原因（三）——你的上进心被点燃

了吗？ / 122

卖不出去的原因（四）——有没有把抱怨和不满

挂在嘴边？ / 123

卖不出去的原因（五）——私人生活是不是正常、

有规律？ / 124

卖不出去的原因（六）——有没有公私混淆？ / 125

卖不出去的原因（七）——对待所有人都怀着亲切

之情吗？ / 126

卖不出去的原因（八）——你的声音足够霸气吗？/ 127

卖不出去的原因（九）——你是一个墨守成规的

人吗？ / 128

卖不出去的原因（十）——你是否愿意摆脱苦难？/ 129

卖不出去的原因（十一）——你是一个轻言放弃的

人吗？ / 131

中村久子的人生信条，深深触动了少年加贺田晃 / 133

穆罕默德·阿里教给我的——对于胜利的执念 / 135

本田宗一郎的生存哲学——让这个世界变成你喜欢的

样子 / 138

写在最后 / 143

后序 说对了话，当场搞定人 / 145

序 言

首先，我要向这本书的读者表示由衷的感谢。

很是意外，我的第一本书《営業マンは「お願い」するな！》(sunmark 出版社出版，中文版为《当场就签单》)能够如此广受好评，甚至被翻译出版到了海外。我在惊讶之余，也深怀感激。

与此同时，我收到了很多读者朋友的来信和电话。其中听到最多的声音是：

对于销售工作燃起了自信；

对于"推销"一事的内疚感消失了；

意识到销售是一件可以带给他人幸福的事情；

…………

而来自企业的反馈则是：

发给全体员工每人一本；

每天早晨通过角色扮演来练习销售技巧；

开展读书会；

…………

其中不乏特别热情的朋友想做我的助理，或者询问我的住址，想来家里拜访……

经不起吹捧的我，在连续几次被问到"什么时候会出第二部"的问题之后，便做出了一个大胆的决定："**好的，那就再写一本书，帮助那些经常被拒绝的销售员成功转型为善意且优秀的销售精英吧！**"可提起笔来，却又有些犹豫。因为，如果仅作为第一本的续篇来写，那么除了已经读过上一本的二十万读者，其他人理解起来可能会有些困难。可是，如果只考虑初次读我的书的读者的困难来写，和上一本的内容必然有许多重复之处。

这该如何是好呢？

这个难题困扰了我许久，最终我决定采取折中的方式，既可以作为上一本的续篇，又可以帮助到初读我的书的朋友。这也就意味着，本书的内容覆盖面较广，同时对每一部分都要稍作分析。

不过，只要静下心来认真阅读，并且亲身实践每个章节，甚至每页的内容，我保证，你的业绩一定会大幅度提高，收获一次又一次成功，抵达属于你的"世外桃源"。

那就让我们一探究竟吧！

加贺田晃

第 一 章

销售员需要"爱"和"热情"

"销售之神"——加贺田晃的师父是何方神圣？

听我讲课的学生经常问我："老师，您刚开始做销售的时候就这么顺利吗？""老师，您也有师父吗？"每次被问到此类问题时，我总是词穷语塞。

思来想去，依然不知该如何回答。

毕竟，真实的情况是：曾在 17 家企业做过销售的我，每到一家企业的第一单都旗开得胜，每天的业绩都名列榜首，每天、每周的签约率都接近 100%。可是这样回答，恐怕会遭人嫌弃，我自己也会内心不安。

刚入行时也算有过"师父"。我在就职的第一家公司，曾经观摩了一上午师父的工作，但他一单也没签成。下午，我一个人独自摸索，共拜访了九位客户，全部成功签约。所以，说实话，真的没有什么师父可言。这次的回答怕是要招人恨了吧？

最初，我并不想回答这些问题，因为我在一线做销售时，从未觉得自己有任何过人之处，或是特别之处，甚至从未分析过自己能够销售得如此顺利的原因，也从未与人谈起过。

那时的我，心里唯一想的就是："手里的好产品一定能卖出去！""**努力推销一定能卖出去！**"直到开始做企业培训，被问到各种问题时，我才第一次回想当时的自己，第一次回顾自己一路走来的历程。

要说"师父"，我能想到的有：小学时读过的漫画书、一边送报纸一边劝人买报纸的经历、学校里老师的教导，还有我那失败的初恋经历……

下面，让我为大家一一解释。

吾师其一 ——盗贼的漫画

小学时代，曾在漫画中读到下面这样的故事：

三个小伙伴聚在一起聊天，说到"长大以后想做什么工作"的话题，三个人的答案分别是：医生、警察和不知道。

多年以后，发生了一起命案。

死者是医生，犯人是盗贼。警察调查后发现，死者和犯人竟然是自己当初的两个小伙伴。

读这个漫画时，我心想：一个有理想的人，将来会变成自己理想中的样子，而没有目标的人，最终不会有好的结局。那么，我也要做一个有理想的人！

吾师其二——配送报纸与推销报纸

小学三四年级的时候，母亲天天唠叨着："你赶紧出去工作吧……"于是，我的卖报生涯便这样开始了。

某天，有人跟我打招呼："小哥儿，你那儿都有什么报纸啊？明天给我家送一份吧。"当我把这个消息告诉配送所的老板时，他很高兴，还给了我一张当时很火的电影的电影票。这简直令我欣喜若狂。

从第二天起，我在送报纸的时候，开始主动和遇到的每个人都打招呼。

"阿姨，您家订的什么报纸呀？要不要来一份××报？"

"嗯，好啊。"

于是，我每天都有新的订单，也因此收获了电影票、伞、长靴和斗篷等。

后来想想，这应该是我人生中第一次真正意义上的"销售"。

有一次送报纸，我看到别人家的电视时都惊呆了。起初，电视里放的是关于歌手的节目，不过我并不是因节目的内容而吃惊，只是一看见电视就挪不开眼睛了而已。

某天，电视里出现了一张外国人的脸——记者正在公园里采访一个小女孩。

"你长大了想做什么呀？"

我目不转睛地盯着电视，等待着女孩的答案。

"长大后，我要做一个有自己想法的人。"

这个答案让我大吃一惊，本以为会听到"想做公主""想做歌手"之类的答案，没想到她竟然说出"要做一个有自己想法的人"的话。外国女孩的思想令我折服，我不禁开始思考：对啊，自己的意见、自己的想法……

吾师其三——学校老师教导的格言

还有便是学校老师的教导——"成为不可或缺的人",这句话着实对我帮助很大。

"不可或缺"的意思是,一旦缺少,就会造成困扰。人可以分为以下几种:不在场会有麻烦,在不在场无所谓,最好不在场。而我们要成为被大家需要的"不可或缺"的人。

成为可有可无的人,或者没有成为最好的人,对我们来说都是一种侮辱。

于是,我告诉自己:**一定要成为那种——所有人都需要的、不可或缺的人!**

"自反而缩,虽千万人,吾往矣。"这句话,我在小学时就已烂熟于心。

自己认为正确的事情，即使千万人反对，也要坚持自我。我正是这样一个顽固的人。

初恋教会我"事情的先后顺序"

小学时的"初恋"，令我受益匪浅。

故事发生在小学六年级。

当时的我喜欢上一个女孩子，她是饭店老板的女儿。她并不是传统意义上的美女，身材也不够标准，但永远面带微笑，十分可爱。

有一天，我终于鼓起勇气写了封情书，上面写道："这周日 × 点，我在公园等你。"趁着她离开座位的空当，我把信塞进了她的书桌里。一想到要和她来一场二人世界的约会，肾上腺素瞬间喷涌，幸福到爆！

周日清晨，我比家里的鸡起得都早，匆匆忙忙吃过早饭，便飞奔到公园。

我一边等，一边想：也许再等一会儿她就来了……就这样，从天亮等到天黑，中途还被雨淋成了落汤鸡，但她却迟迟没有出现。

最终，我还是没能等到她。

那天过后，我懂得了失眠的滋味。常常双手插在裤兜里，一边低头踢着地上的石头，一边流着泪，无数次哼着失恋的歌，嘴里喃喃自语：

> 她为什么不来见我……
>
> 是不是讨厌我……
>
> 还是她父母不让她来……
>
> 是不是有其他的事……
>
> 这究竟是为什么，为什么呢……

作家石川达三曾在一本书中写道："没遭受过重大打击的人，成不了大事。"而我就是那个输得一败涂地的人。失恋令我几近窒息，时常深夜躲在被子里哭泣，那段苦苦挣扎的日子简直如在地狱一般。

很久以后，我才终于明白：是我的唐突吓跑了她。

我甚至没有问过她时间是否方便，没有考虑过她的感受，只是单方面地告诉对方"这周日 × 点，我在公园等你"，这样未免太自私了，是我不好。

人们常常把人生比喻成一场游戏。面对这场游戏的第一关——初恋，我虽然输得体无完肤，却为之后的"打怪升级"积累了经验。经历了这件事之后，我变得小心谨慎，或者说畏首畏尾了。

也就是说，我开始懂得遵循事物先后顺序的道理：

先试探着简单地聊几句，如果对方表示感兴趣，再进入下一阶段。如果对方不感兴趣，就再次委婉地试探，试着引入话题。这一次，如果对方依然不感兴趣，就换个话题继续。无论如何，在对方表现出感兴趣之前，不要急着进入下一阶段，这样才不会失败。

并且，即使到了最后一步，也务必留意不要使用太过直接的语言，比如"一起开车出去玩吧""我们约会吧"。这些都是万万不可的，而是要让这句话从对方口中说出来，或是用二选一的方式来问对方。

举个例子：

"你想去海边还是山里呢？"

"如果阿拉丁的神灯能送你一样东西，你想要什么呢？"

接下来会如何呢？向对方提出问题的我，会不会遭遇失败呢？

销售工作也是一样，谨慎而胆小如我，绝不会做出与客户刚见面就急着拿出商品目录给其介绍这样的傻事。

一上来就向对方介绍商品的行为，与唐突地告诉对方"我在公园等你"都会令人毛骨悚然。当然，即使在聊完之后，也绝不能用"您觉得怎么样"的方式向对方确认是否有购买的意愿。

无论是恋爱游戏，还是销售的心理游戏，本质上并无任何不同。如果不想被对方拒绝，就一定不要去确认对方的心意，不能问对方"yes or no"。

下面，我将按顺序具体说明：怎样进行思考和交谈，才会让对方做出符合自己想法的行动，以及应该采取怎样的顺序。

销售员应先营销自己，再推销商品

"先营销自己，再推销商品！"

最先说出上面这句话的一定是位高人，可惜我忘了他的名字。我自己家里一年到头都有上门推销的销售员，对于其中的 99%，不管他卖的是什么，我都会在第一时间拒绝。

原因只有一个：对于该销售员的外貌、表情、谈吐、态度和人品，我实在无法与其产生共鸣。也就是说，我对他没有好感，他的出现无法激起我的"正面波动"。

相反，"负面波动"倒是在见面的几秒之内扑面而来。邋遢无比的服装，瘟神一般的表情，不够霸气的言谈，没有分寸的态度，等等。

作为人类，我们每个人都是感情动物。

想想看，我们去商店买东西时，如果店员给我们以不悦的感觉，我们肯定当场就不想买了。别人来买我们的东西时则更是如此，没人愿意听一个瘟神般的销售员讲话。

销售工作的性质就是与人打交道，首先要注意切莫给对方留下坏印象，其次才是销售技巧。

哪怕仅仅一次，我也生怕被人拒绝。只要被拒一次，心情就会低落，情绪就会紊乱，自信就会消失。只要失败一次，就可能再也无法翻身。所以，我害怕被拒绝，哪怕一次也不行。

如此说来，我是个比常人胆小一倍，不，胆小一百倍的人。所以，我会竭尽全力，永远不让自己被别人拒绝。

避免导致对方不悦的服装、准备工作和礼仪

首先，关于服装的选择，最重要的原则是——清爽、朴素，给绝大部分人留下好的第一印象。（在工作场合穿着奢

侈品牌的衣服或佩戴昂贵的配饰会给人以不合时宜的感觉，从而让人不悦。）

藏青色衬衫和领带、纯色无花纹的白衬衫、朴素的黑色皮带和包……每天坚持整理裤子的折线并擦鞋、每天更换白衬衫、剪短后颈和鬓角的头发……

你可能会觉得，不必事事都这么较真儿吧……

接下来，是关于与客户初次见面时的表情、说话方式和声音的力度等。精心做好准备工作，以拿出最佳的姿态、表情、笑容和声音与客户沟通（上一本书《当场就签单》中已经详细叙述，在此省略），等到胸有成竹时，便即刻投入。

即使觉得劲头和气势尚有不足，也不必担心，大不了就是失败嘛！

在你的精神状态达到"沸点"，气势达到顶峰之前，一定不要停止做准备工作。

甚至可以说，在所有与人打交道的工作中，"尊敬对方的礼仪"最为关键。

无论对方的性别、年龄、立场如何，我都会怀着最高的敬意，万分恭敬地鞠躬，也就是将上身弯曲成 90 度直角地鞠躬。

如果能严格地执行以上所述各项，就有可能创造"奇迹"。如果以前的签约率只有 5%、10% 或 20%，那么自此就会突飞猛进，达到 50%，甚至更高……

"爱"和"热情"是销售员的全部

"先营销自己，再推销商品"这句话中的"自己"，换言之，便是"作为一个人的价值"。一个人能够给予他人的"正面波动"，正是"爱"和"热情"本身。

体谅每个人的爱心，竭尽全力做好一件事的热情，是世界上至高无上的价值。

销售员的使命，本应是"通过销售商品带给客户幸福"，可现实却是销售员往往对他人的事置之不理，只考虑自身利益。这样一来，销售员难免内心有愧，常常感到难为情和尴尬，说话也支支吾吾的，结果就只能是因被拒绝而沮丧万分，陷入困境。

改善的方法其实很简单。

人生正如"山谷的回声"，对方是帮助我们认识自己的一面镜子，发生在我们身上的每件事都是自身行为的反应。我们应该重新认识这一事实，平日里和遇见的每个人，至少和面前的人聊聊天，哪怕给予对方片刻的幸福也好。

那么，应该聊些什么呢？

答案是：对方可能关心的事情、对方可能擅长的事情，而且要真诚地询问。

"实战演习"取悦对方的会话集

对于在路上擦肩而过的陌生人、公司的同事、第一次去逛的商店的店员等，都可以参照下面的会话：

早啊，散步呢？看您步子这么轻快，都去哪儿逛啦？

哎呀，好可爱的狗狗！是男宝还是女宝呀？您家狗狗的哪一点最可爱呢？

嗨，您去登山吗？这个季节登山真不错。现在适合登山的地方都有哪些呀？您觉得登山的乐趣是什么呢？

哎呀，这是您孙子吧？真可爱！和您长得一模一样。总听人说您家孙子比别的小孩儿长得好看，果然是这样啊。

学长早，您的领带真是太好看了。多少钱买的呀？

山本君，听说你昨天搞定了一个案子，恭喜恭喜。啤酒好喝不？

剪头发啦？发型真帅，你满意不？

来碗拉面。嗯，我喜欢你这个人。

你是上身短的类型，腿真长！

你变美了，在用什么牌子的化妆品呀？

你气色真好！平时都吃什么，做什么运动呀？

哎，你看上去变年轻了！是不是有什么好事发生？

打扰一下，您就住这儿附近吗？您是做什么工作的？

您的理发水平真棒！想问下您的血型是？

谢谢您的款待，真的是太美味了，下次再来可以吗？

你的异性缘真好啊，女孩子们都为你倾倒。

你的眼镜不错啊，是单独的镜框吗？

你的仪态真好，看着就舒服。是不是背上绑了根棍子呀？

你笑得真好看，可以做个朋友吗？

您笑得真好看，托您的福今天肯定会一切顺利的。

你的笑容就像在闪闪发光，以后一定能成大

事。你的梦想是什么？

你口才真好。话说你毕业了吗？

这样的例子不胜枚举。

与对方攀谈的过程中，"羞耻心"逐渐消失

沉默无法带来任何好处，有时甚至会引发不愉快，枯燥无味的气氛会使人的心情变得低落。

反之，无论对方是谁，都积极地与其交流，会让双方心情舒畅、愉悦，对方甚至会因为聊天内容而有一种妙不可言的陶醉感。

与对方交流的效果反差如此之大，而对销售员来说，交流带来的效果更是不可估量的。

首先，在与身边每个人打交道的过程中，销售员的"大

敌"——羞耻心会消失殆尽。

如此一来，对销售员来说不可或缺的良好的精神状态将会越来越好。

并且，作为一名销售员，也会在这个过程中逐渐变得喜欢与对方相处。

另外，如果能在日常生活中形成习惯，你将不再被紧张感困扰，对方也会觉得与你交谈融洽而满足，签约就会自然而然地实现。

先宣传优势，后介绍商品

此前，我从未想过要在《广辞苑》（日本有名的日文辞典之一）中查询"销售"一词的含义。

销售是指"以营利为目的而经营事业的行为，或经营本身"。Sale 的含义是"售卖"。

原来如此。不过，为了实现售卖的目的，应该在平日里养成如前所述的习惯，整理好仪容仪表，做好准备工作。与客户面谈的时候，要怀着满腔热忱，拿出满满的元气，极其礼貌地与之相处。在第一时间发现对方的长处，并喜欢上对方这个人。对于对方所关心或擅长的事情，表现出极大的兴趣，并询问对方。

只要顺利地进行到这一步，签约基本不成问题，可能性为 50% ~ 70%。

但如果此时开始进行商品介绍，似乎依然为时尚早。

我今年 66 岁，23 岁开始从事销售行业的工作，至今已有 43 个年头了。39 岁开始在一些大型企业或中小型企业进行培训。参加过培训的数万名销售员中，99% 的人都不约而同地有一个习惯，上来就向对方展开业务性的说明："您看，我们有这样一个产品，具体给您介绍一下，是这样的……"

这样做的话，如果客户是专门为买产品而来的倒也无可厚非，但如果在客户对产品并不感兴趣或是犹豫不决的情况下，客户再看到销售员毫无生气的脸，听着干巴巴的产品介绍，只会越发嫌弃，更别说买回家了。

绝大多数销售员都在犯同一个错误：

把销售商品当成一份工作。

设想一下，假如你感冒了，需要去药店买药。

接下来请告诉我，你去药店的目的是什么？

1. 为了买感冒药。

2. 为了买治疗感冒的药。

你的答案是哪一个？

如果是 1，你只需要告诉店员"给我拿点儿感冒药，哪种都行"。然而，如果你感冒很严重，需要找到对症的药，那么你就会这样向店员询问："从昨天开始有点儿发烧，打喷嚏，浑身发冷，没有食欲。有没有合适的药？"

此时，你要买的不是感冒药这个产品，而是"治病"的功能。

可是，如果店员不等你描述症状，直接就问"这个药的成分是 ××、×× 和 ××，那个药的成分是 ×× 和 ××。您要买哪一种"，你会有何反应呢？

你会从一个只会莫名其妙地介绍一通产品，而不提及其功效的店员手中买药，还是会觉得——"这人怕不是个傻子吧"？

客户追求的不是商品本身，而是"必要性"

再做个假设，你要去买车。

你现有的车不但款式老旧，而且零件松动了，马力不足导致上坡时急剧降速，耗油量也很大，再加上后备厢狭窄。这次的预算不超过 40 万日元，要买一辆行驶距离在 3 万公里以内、马力充足、耗油量小、后备厢宽敞、款式漂亮的车。想好之后，你兴致勃勃地前往二手车商店。

到店后，你看到面前停着一长排车子。可是，站在一旁的店员却像丢了魂一般，一副无精打采的样子，也不主动上前打招呼。这时，你会作何感想？

稍好一点儿的店员会主动介绍："这辆车 1500 毫升，是昨天刚到的。那边那辆是马自达。这个有备用轮胎。"丝毫不考虑你的想法，而是一味地罗列商品的信息。你又会有何感想呢？

接下来，请再回答一个问题：你来二手车店的目的是什么？

1．买一辆车。

2．买一辆行驶距离在3万公里以内、马力充足、耗油量小、后备厢宽敞、款式漂亮的车，并且预算不超过40万日元。

你的答案一定是后者。

有一个亘古不变的真理：人们买的并不是"商品"本身，而是商品的功效、优势以及商品带给自己的快感和满足感。

所以，如果你是店员或销售员，怀着为对方考虑的"爱"和极力满足对方需求的"热情"，你会怎样和对方沟通呢？

按顺序来，首先询问对方的现状以及存在的问题，再询问对方的需求。之后，向对方介绍自己的商品是如何满足其需求的。你一定会像这样滔滔不绝地向对方介绍吧。

商品的结构、材质、尺寸和成分根本无关紧要。

重要的是自身的快感、满足感、优势和加分项。无论是高尔夫、游戏、运动，还是自行车、汽车、服装、餐饮，世上所有的"商品"都是用来满足人们需求的手段，而不是目的。

接下来，你要向对方灌输的不是作为手段的商品本身，而是其目的——商品的优势所在。要不停地、竭尽全力地宣传，一直到对方彻底信服为止。

这里的优势，我将其称为做一件事的"必要性"。当对方最终了解到商品的"必要性"之后，才是打开商品目录进行介绍的时机。

你能想象得到吗？

我会先从各个角度向对方解释商品的必要性，直到对方完全相信，我才会拿出商品目录告诉他，"这款商品能够满足您的需要"。此时，对方心里已经很踏实了。

对于不同的商品，说服对方所需的时间也不同，但一般在 15～30 分钟内都能搞定。

如果有人命令我，"嗨，加贺田，你不如省掉介绍必要性的环节，试试直接介绍商品吧"，即便诱惑再大，我也会断然拒绝。

在外人眼里，我也许是个狂妄的、盲目自信的人，但我依然认为，如果省略掉前面的铺垫，上来就介绍商品，那就和"我在公园等你来"的故事一样，只会得到悲惨的结局。

在这里有个提议，我希望各位今后再慎重一些、更"胆小"一些，按顺序行事。

内外兼顾，切断对方的所有退路之后，再发起总攻（商品介绍）。

第 二 章

向客户致以最大的爱意和敬意——礼仪篇

不可不知的礼仪和法律

我从来不写任何暑中问候或贺年信，收到别人的问候也从不回复。至于我的兴趣爱好，在 54 岁之前喜好赌博，最近又喜欢上了飙车。

要说这样的自己知识渊博，还真是惭愧，甚至有些奇怪吧。

我认为，这世上最高级的生活方式，不是当官、发财，更不是住豪宅、开豪车。因为这些东西只能满足当事人本人，对他人而言毫无意义，也没有任何价值。对于这一点，我深有自信。

我可以坚定地说："最有价值的一类人，是那些尊敬并关心他人、心怀慈爱、温暖他人的人。这样的人，可以是清扫卫生的阿姨，可以是酒店的服务员，也可以是普普通通的家庭主妇。"

尊重他人的内心和日常行为举止，统称为"礼仪"。

尊重对方、心怀关爱的人，在生活中常常被称为"好人""人缘好的人""高尚的人"，大家都喜欢与这样的人亲近。

相反，凡事只顾自己方便，不考虑他人、粗鲁的人，往往会受到蔑视。因为没有人愿意和这样的人相处，大概他们只能度过一个悲惨的晚年了。

这是为什么呢？

原因在于，我们生活的地方并不是无人岛。

如果生活在无人岛上，那么随便做什么都没关系。随地扔烟头也好，说脏话也好，闹情绪也好，都不会有人跳出来指责。

可现实并非如此。

我们始终生活在群体社会里：家里有家人，公司里有同事和客户，每个人都有自己的朋友、相识的人、邻居……此外，不管到哪里，都会遇见形形色色的人。

在集体中生活的人，要区分自我与规则，懂得应遵守的常识和礼仪，相互之间才能愉快地相处。不得损害他人的利益，应当遵守社会秩序，要努力尽到自己（作为销售员，作为丈夫、妻子、父母，作为管理者，作为员工，等等）的本分，谨言慎行。

如果无视上述规则（道理、礼仪），就会受到惩罚，惩罚的力度根据情节的严重程度而定。

具体来说，可能会遭到蔑视或谩骂，或者遭人冷眼，或与家人、社会分离。但无论何种惩罚，都会给当事人带来心灵上的伤害，严重的甚至会失去一切，变成一个废人。

下面举几个例子进行说明。

不懂礼仪的销售员之一 ——涂饰工人

某天，我正在院子里打扫卫生的时候，一位全身穿着工作服的销售员上前搭话道：

"先生，您家可真不错……话说家里有没有涂料掉色的地方？"

哪怕是再亲密的朋友之间也要讲规矩，而一个初次见面的、陌生的销售员开口便这样问话，我当场就有点儿不爽。

于是，我委婉地拒绝了他。一个小时后，我有事出门，发现刚才那位销售员和他的同事正坐在路边抽烟、聊天。

"怎么样？刚才搞定了吗？"

"没有啊。"

"这个月成了几单？"

"一单都没有。"

"这个月也这么惨？这都过了大半个月了，还是一单都没有？加油啊！"

读到这里，你会怎样评价这位销售员？

以他的性格和工作方式来看，他今后的人生将会如何？

我的想法是这样的：

上来就打招呼道："先生，您家可真不错……"说明这是个自来熟的人，并且善于讨好别人。但同时也说明，他不是一个严肃、认真的人。

另外，在本应工作的时间，坐在路边抽一个小时的烟，说明这是个自甘堕落的人。

工作业绩半个月毫无进展，却还能坦然自若，估计平时也是个投机者，习惯于找机会捞一大笔（瞄准缺乏判断力的老人等下手，等着发一笔横财）。

这个人，将来必定走入困境。

不懂礼仪的销售员之二——摩托车店

我 50 岁的时候，心想"要是能返老还童多好"，于是去考了摩托车驾驶证。第一辆摩托车买的是当时最流行的本田 STEED，但它是一辆 400 毫升的中型摩托。每次好不容易等到绿灯亮起的一瞬间，总是心急如焚。

于是，我决定再考一个大型摩托车驾驶证。考驾照的时候正是数九寒冬，为此可没少吃苦头。

我心想，等到考下来驾照，一定要买辆哈雷。于是，早早买好了哈雷的头盔，还关注了杂志上的购买信息。

终于拿到驾照的那天，我欣喜若狂地带着装满现金的大型防水袋，兴冲冲地来到哈雷专卖店。

谁知道，根本没人欢迎我的到来。四五米开外有个看上去像店长的人注意到了我的到来，我心想"太好了"，可是对方连句"欢迎光临""随便看看吧"都没说，只回了下头，便又转了过去，仿佛我这个人是空气一般。

真是令人扫兴。

不仅如此，当我看到心仪的摩托，刚想上前看看时，店长却制止我了。

"请不要随意触碰！"

如果你也遭遇了同样的情况，是会想留在这家店里，还是转而出门投奔其他店呢？

我转身出门，去了另外两家哈雷专卖店。

结果是，我再也不想买哈雷了，因为另外两家店的店员的态度也同样傲慢。

这样的事情在高级酒店也屡见不鲜。一流的酒店，三流的服务，比比皆是。

我能想到的原因有两个：第一，酒店自身和工作人员都缺乏提供一流服务的意识；第二，工作人员误以为在一流酒店工作，自己也是一流的人。

他们虽然从事着与人打交道的工作，却不尊重对方，居高临下地给对方打分，态度冷淡。

你认为这样的人配得上"一流"吗？

不懂礼仪的销售员之三——地暖工人

我曾经在某大型商场的地暖体验区进行了申请，并被告知当地的代理点会提供上门服务。

有一天，门铃毫无预兆地响了。

妻子问外面的人："什么事？"

外面答道："开下门。"

我坐在起居室里，看到四个人从外面进来。没有一个人说过哪怕一句"早上好"或者"打扰了""我能进来吗"。而后，默不作声地，其中一个人进了卧室，另一个人进了书房。卧室这种地方一般不愿轻易让外人看见，而书房对我来说是存放贵重物品的地方，这些人却突然闯了进去，事先甚至没有问一句："我们需要测量房间的尺寸，这间屋子可以进吗？"

简直就像强盗一样，这帮人到底是从哪儿来的？！

正在我没搞清楚状况之时，一个穿西装的三十来岁的青年叉着腿往我面前一站，悠悠地问了一句：

"想怎么弄啊？"

这样根本没法聊下去，于是我简短地回了一句：

"你们走吧。"

这些令人不爽的家伙，我一眼都不想看到他们，更别提装什么地暖了。

人人都有"自尊心"

以上三个例子中的涂饰工人、哈雷专卖店店员、地暖工人，他们的工作无法顺利进展下去的原因是以下哪一个呢？

1. 碰巧今天遇到的顾客人不好，原因在于对方。

2．自身。

失败者的理论是把责任推给外界，对方、他人、经济形势、竞争公司、价格、商品等都有可能成为"背锅侠"。

胜利者在任何情况下都会尽最大的努力，并认为这是理所应当的。即使最后未能得到理想的结果，也会把原因归结到自身。

各位读者朋友一定不是前者那样彻底的负面思考者，但可能也不是百分之百的正面思考者。那么，今后要不要试着做一个完完全全的正面思考者呢?

最后，我想引用琐罗亚斯德教的一句名言：

"为他人行善不是义务，而是一种欢喜。行善者会更加健康和幸福。"

每个人都有自尊心。如果一个人感受到来自销售员的轻视，或者不被尊重，肯定不会花钱买他的商品或服务。

如果销售员不尊重对方，令对方不悦，那一切都完了。

即使对方没有立刻拒绝，也会把你的话当作耳边风，根本不会当真。

接下来，按顺序具体介绍——四大重要原则性礼仪。

重大礼仪之一——绝不否定对方

前面已经说过，每个人都有自尊心。

自尊心实际上是个麻烦事，有时候，一句话就会搞得夫妻反目、离婚，或者仇视对方，一句话甚至会导致凶杀案或国家间战争的发生。

如果陌生的销售员对客户做出触犯客户自尊心这样连夫妻之间、国家之间都忌讳的事情，又会造成怎样的结果呢？

那么，人在什么情况下会觉得自尊心受到伤害了呢？那就是——自己的言行被否定的时候。

所以，作为销售员，千万不能对客户说"你错了"，也不要试图在争辩中占上风。

如果你觉得有些话非说不可，那就采用"没错，但是"的方式。也就是说，先肯定对方的观点，再提出自己的主张。

重大礼仪之二——每次只做一件事

你身边有没有这种人：说着"早上好"的同时匆匆而过，说着"你好"的同时俯身放包，说着"打扰了"的同时推门进来……

同时做好几件事，也就意味着做事的顺序不明确。这样不仅会让人觉得没礼貌，而且会给人一种邋遢而不体面的印象。

先推开门，再寒暄。

这是作为一名销售员应有的礼仪。

不信可以问问你的家人或同事：假如一个人边推门边打招呼，而另一个人进门之后才开始寒暄，是不是前者给人以敷衍了事的印象，而后者给人以认真、敬业的印象呢？

重大礼仪之三——无论何时都不要沉默

无论是进门时、坐下时，还是展示商品时，在任何情况下，默不作声都是极不合适的。

前面提到的地暖工人就犯了这样的错误。

一声不吭地进大门、进卧室、测量地板，实在是令人不爽。

还有一些人，应客户的要求拿出商品目录时，也只是默默地递过去，不说一句话；对待将自己带到会谈室的人，一句感谢的话也没有。他们缺乏这方面的意识，认为自己的做法并没有什么不妥，只是在无意间做出了不恰当的举动。

正确的做法是，在做任何事时都要简短地说上几句话。如果做不到时刻提醒自己这一点，往往就会忘记这么做。

吃饭的时候，即使身边没有人，也对着空气说声："我开动了。"

餐厅服务员端上饭菜的时候，至少向对方说句"谢谢"。

下出租车的时候，对司机表示感谢。

坚持这样做下去，在客户面前就能够做到自然而然地说些什么。

重大礼仪之四——为下一个动作留出 0.1 秒的空白时间

在交换名片的时候，如果你刚拿出自己的名片，就被对方一把夺过去，你会作何感想？

自己还没做好把名片交出去的准备，却被急性子的对方强行拿走，任谁都会觉得不爽吧？

假设一个场景：一个人推开会议室的门，寒暄一句"打扰了"，接着关上门，坐到桌前。他并没有同时做一件以上的事情，但因为每个动作之间没有停顿，就会给人留下敷衍、马虎的印象。

因此，在做下一个动作之前，应当留出 0.1 秒的空白时间。

当对方递给自己名片时，也应该停顿 0.1 秒，再快速接过去。

推开门之后，停顿 0.1 秒再打招呼，再停顿 0.1 秒后关门。

鞠躬的时候，弯下腰后不要立刻就抬头起来，而是停顿 0.1 秒再起身。

这样，让每个动作看上去都符合规矩，优雅而美观。

礼仪实践（一）——企业访问和寒暄

接下来，以不同的场景为例，介绍如何实践礼仪的四大重要原则。

首先是访问企业或店铺时的礼仪。

前面在介绍礼仪的重要原则时也提到过，不得擅自进入他人的领域。访问时可能会遇到前台没人，或者店主不在的情况，但不管有没有人在，都应该大声说一句"打扰了"，打过招呼之后再进门。

如果远远地站在门口说"打扰了，我来自××"是很失礼的。隔着那么远的距离，对方根本没办法好好听你说话。

在走近对方的过程中，就不必昂首挺胸了，应稍作俯身状，毕竟是自己的到来打扰了对方。

走到距离对方2米左右的地方，再开始寒暄和自我介绍，并言简意赅地描述自己的来意，询问负责人是否在。

此时，如果前台让你稍等一会儿，并示意你可以坐在沙发上，那么照做就可以了（当然，别忘了道谢）。当你要找的人向你走来的时候，要立即站起身来。

礼仪实践（二）——感动客户的开门（关门）方式

在访问企业时，从进门的那一刻开始，直到出门为止，都要时刻注意自己的一言一行，最好在心里提醒自己：有人在注视着我的一举一动。

即使对于开门（关门）这样的小事，也有相应的礼仪。而是否做到正确地开门、关门，决定着客户会因此而感动，还是嘲讽"这个人真没礼貌"。

然而，即便如此，绝大部分销售员依然不了解开门和关门的礼仪。

举几个极端的例子：把门推开一半，畏畏缩缩地探头向里看；或是一只脚跨过门槛，半个身子探进室内，状态还没调整好，就开始自我介绍"呃，我是××"。

这样给人的感觉非常不好。没有人会想和一个如此不自信的销售员交涉。

进入房间以后，向后伸手推门并关上，这也是不合规矩的。更别提随手一推，让门"嘭"的一声撞上的行为了。

开门和关门的时候，要牢记礼仪重要原则第二、第三、第四点，按照以下步骤行动：

1. 先敲门两三下，然后推开门；

2. 右手握住门把手，一只脚踏进室内；

3. 保持刚才的姿势不动，说声"打扰了"，并鞠躬，之后停顿0.1秒；

4. 面向门的方向，冷静地用双手或右手关上门，之后停顿0.1秒；

5. 转过身轻轻鞠一躬，稍稍俯身走向离自己最近的人的方向。

如果能完美地做好以上动作，那么，即使屋里的人正在开会或是忙着其他事情，也必定会注意到你，并在心中惊叹"真是个懂规矩的人"，会完全接纳你的到来。

礼仪实践（三）——优雅地处理名片

与负责人在会议室见面后，再次进行自我介绍，并简洁地说明来意。接下来，便是互换名片的环节了，此处也有一些注意事项。

在互换名片的过程中，以下几点需要多加留意：

首先，在告诉对方"我是××公司的××"的同时，伸手掏出胸前的名片盒，并从中取出名片。如果自报家门结束后再急匆匆地掏名片，会给人留下磨磨蹭蹭、办事不利索的印象。

接对方的名片，务必用双手接过。

如果双方的地位相同，那么只用一只手交接名片倒也无所谓，但对于销售员来说，客户的地位高于自己，所以务必用双手递上，同时说上一句"拜托您了"。接名片的时候也要用双手，并说"谢谢您"。

递名片的时候，为了方便对方接名片，要向前走半步，同时低下头，双手放得更低一些，保持一种优雅而谨慎的姿态。

规规矩矩地做到这些，一定会令对方惊叹不已。

大部分人都没有受到过如此礼貌的对待，所以一旦有人这样对待自己，一定会非常高兴的，甚至做梦都会笑出声来。

当然，在接过名片的时候，也要优雅而谨慎，同时低下头，双手放低一些，并表示："十分感谢！"

偶尔也会遇到这种情况：你给了对方名片之后，对方却没有给你名片。此时，你可以向对方提出请求要一张名片，这样做并不失礼。地位较低的人自我介绍并递上名片之后，对方理应予以回应，这是商务场合的礼仪。

你可以礼貌地问："不好意思，社长先生，我可以要一张您的名片吗？十分感谢。"听到这样的请求，任谁都不会拒绝的。

收到对方的名片后，在整个商谈过程中，应始终将对方的名片放在桌上自己能看见的地方，直到商谈结束站起身时再收起来。

这样做是为了确保在商谈过程中不弄错对方的姓名和公司名称。为了保险起见，应放在瞟一眼就能看见的地方，以备不时之需。

名片的放置方法也有讲究。因为那是对方身份的象征，所以千万不能弯折，一定要端正地与桌子的边缘平行摆放。

商谈全部结束后，说完"那么就这样，拜托了"并站起身之后，再把名片收进名片盒中。即使知道商谈很快就会结束，也绝不能在正式结束之前就开始整理和收拾。这样做会让对方心想"我话还没说完，这家伙就急着要走了"，因而心生不悦。

礼仪实践（四）——销售员的位置和坐法

以下要介绍的是：在所访问的公司的会议室（接待室），

应该坐在什么位置，以及怎样就座。

首先要明确一个基本的要义——销售员必须坐在下座。

即使指引的人示意你坐在上座，也千万不能顺势坐下。

对方出于礼貌，为远道而来的你安排了上座。而作为销售员，应该礼貌地回答"您不用客气，我坐这里就可以"，然后坐在下座的位置上。

那么，上座和下座应该怎么区分呢？

作为销售员，应该对这些知识点了然于心。**前文中也多次提到，礼仪是一定要了解的。**

区分上座和下座的原则如下：

距离房间入口远的是上座，近的是下座；

座位都与房间入口的距离相同时，距离墙壁近的是上座，远的是下座；

在和室里，距离壁龛近的是上座，远的是下座；

扶手椅是上座，折叠椅是下座（椅子更精美的是上座）；

多人沙发是上座，单人沙发是下座；

在能看到窗外景色的房间里，能看到美景的位置是上座（如果房间里挂着价格不菲的画时，则同理）。

以上原则基本适用于所有场合。

你可以这样来记：相同条件下，离入口远的是上座；椅子类型不同时，更精美的椅子是上座；房间里有壁龛或挂画等时，更便于看到它们的位置是上座。

接下来介绍就座的方法。

在等对方来会议室的这段时间里，不要坐下，而是站着等待。

对方到了之后，肯定会示意你坐下。当听到对方对你说"请坐"时，不要沉默地坐下，而是应该遵循重要礼仪原则之三，回应一句"十分感谢"或者"麻烦您了"，然后再坐下。

此时，千万不能在椅子上靠椅背靠得太近。因为身体倚靠的姿态，会让对方觉得你是个傲慢的人。并且，你也会不知不觉地松懈下来，无法带着紧张感进入商谈环节。

身为销售员，正确的坐法是：尽量坐在椅子的前半部分。这个姿势便于你随时掏出商品目录，递到对方面前。

礼仪实践（五）——怎样处理面前的茶水？

去公司商谈时，有时会遇到对方为自己倒茶水的情况。

端茶的人往往是默不作声地把茶放下，但此时的你不能同样保持沉默，而是应该说句"谢谢"或者"麻烦了"。这里请回想一下重要原则之三。

那么，对于端给自己的茶水，该怎样处理才好呢？

首先要指出的是——绝不能直接喝下去。

商务行为的第一要义是"凡事以位高者为先"，喝茶也是如此。只有地位高于自己的客户先喝了，自己才能开始喝。

如果只有销售员自己面前有茶水，那么当对方邀请你喝时，你道过谢之后就可以喝了。

接下来介绍喝茶的方式。

在绝大部分情况下，端到会议室的茶水会放在离销售员略远的地方。此时，如果伸手去够，并斜着身子喝茶，是十分不体面的行为。

正确的做法是：首先将茶杯移到自己面前，并放在桌面上。

接着向对方深深地道谢并说"我开动了"，然后平心静气地分三口喝完。喝完之后，深深地低下头，并说"感谢招待"，然后将茶杯放到桌子一侧。"对了，社长先生……"此时准备进入正式的商谈。这样做，对方更是会赞叹不已。

那么，边聊边喝又如何呢？

喝茶不是喝酒，事实上，没有比这更不得体的行为了。最起码，桌子上放着茶杯，会导致商品目录和资料施展不开。

万一遇到茶水太烫，全部喝完有困难的情况，那么也不必强求。喝过三口之后，表示过"感谢招待"后再把茶杯放在桌子的一侧，接着说："对了，社长先生……"如此，一气呵成。

即便是寄放销售也不能偷工减料

前面介绍了初次访问一家企业的礼仪，而第二次、第三次的访问礼仪也基本与之相同。

即使和对方已经熟悉了，也不得亲昵地和对方打招呼说"嗨，早啊"，更不能匆匆忙忙地随便问候几句，就开始急着介绍商品。

寄放销售中尤其需要注意的是，每次进入商谈之前，都要针对上次的事情表示感谢，如"前些天多亏您帮忙""上次真是太感谢了"。

此外，如果不是第一次前去访问，还需要多加留意对方的变化。时隔一周或一个月再次见面，对方的服装、领带和发型等一定发生了变化。作为一名销售员的基本礼仪，应该及时注意到这些变化，并主动和对方聊一聊。

工作中的销售员切忌闲聊

很多公司鼓励销售员在商谈中与客户闲聊。

这些公司教给员工：无论是在企业销售还是直接销售的过程中，如果遇到不知该与客户聊些什么的情况，就可以采用"うらきどにたてかけさせし衣食住"（谐音记忆）的思维方式，与客户聊聊秘密、气候、兴趣、新闻、旅行、天气、家庭、经济形势、酒、生活、爱好，以及衣食住行等闲散话题。

而我认为，这实在是愚蠢至极！因为这样做根本起不到任何正面作用。

况且，如果客户是社长或买主这样的负责人，已经是在百忙之中抽出时间和销售员见面了，如果还要听对方聊社会新闻或天气这些毫无意义的话题，心里会怎么想？

我认为，在商务场合，闲聊是最不严肃、认真的行为。

沟通的基本要义是让对方的心情愉悦。即使只有短暂的时间相处，也要让气氛融洽、大家的心情舒畅，这才是真正和谐的人际关系。

而很多销售员却始终在闲聊——"部长，今天天气真闷热啊，最近一直下雨呢。"对方听到这样愚蠢的话题，心情怎么可能会好？这种傻子般的行为，只会让对方打瞌睡，不会有什么好下场。

客户的电话忽然响了，我该怎么办？

前面对在一般情况下的销售流程中，作为销售员应有的礼仪进行了介绍。但实际上，在商谈过程中，对方往往也会遇到一些非常规事件。

比如，谈着谈着，客户的电话忽然响了，或者有客人来店里了。如果是在对方家里谈事，也许家里的老奶奶忽然就从里屋颤颤巍巍地走了出来⋯⋯

遇到这些突发事件时，一个有礼貌的销售员应该如何处理呢？

或者说，一个聪明的销售员在突发事件中该怎样化危机为良机呢？

下面，传授我自己珍藏多年的秘籍。

首先来看，如果对方的电话忽然响了该怎么办。

该铺垫的都铺垫好了，刚要切入正题的时候，对方口袋里的手机却响起了来电铃声。

此时此刻，如果你一声不吭，那必然会换来对方的一句："不好意思，我先接个电话，稍等一下。"

这种时候，一定要先出手！

在对方开口说话之前，快速抢先站起来说"请您先接电话吧"或者"请您先忙"，并迅速走向屋子的角落。

这样做的原因是什么呢？

如果你坐在原位不动的话，必然会听到对方打电话的内容，即使你原本并不想听。这是十分失礼的行为，并且对方也会因为你的存在而无法专心打电话。

所以，作为销售员的你，在听到电话铃响的那一瞬间，就要立刻说出"请您先忙"，并迅速离开当前的位置。这样一来，对方会觉得似乎欠了你的人情，便不好意思再拒绝你了，甚至还会想"这孩子真是懂事啊"，默默地给你"点赞"。

如果商谈的场合是在对方家里，那么还需要再多花些心思。

如果是在对方家里，即使你躲到墙角，还是会听到对方的私人电话。此时，应当说"请您先忙"，并在对方回答你之前迅速走到门外，不给对方拒绝的机会。

在门外等一会儿，再重新敲门问："夫人（先生），现在方便吗？"此时，对方会由于刚才的接电话事件多少有些愧疚，而欣然倾听你接下来所说的内容。

老奶奶的出现是个好机会

在对方家里商谈，最常见的麻烦是，家里的老奶奶颤颤巍巍地出现在销售员面前。老奶奶出现的目的，无非是阻碍你的销售。

里屋的老奶奶听到外面有动静，仔细一听可不得了，自己家的宝贝孩子被销售员纠缠上了，于是赶忙出来"解救"自家孩子。

此时，你需要做的，和前面接电话的情况一模一样，也是先发制人。在老奶奶开口讲话之前，你要这样搭讪：

"哎呀，奶奶您也在家呢。您看上去身体真硬朗，冒昧地问下您今年高寿了？"

老奶奶一听这话，瞬间就忘了自己本来的目的。因为人一旦被别人提问，就会条件反射地开始思考"该如何回答"，注意力就会被转移。

而她十有八九会这样回答：

"你看我像多大年纪了？"

只要老奶奶这样问就好说了，基本上可以判定，你已经赢了这一局。

此时，千万不要随便回答，而是要仔细地端详老奶奶面部和手部的皮肤，并在嘴里念叨着："呃，这个问题啊，我要是答错了您千万别怪罪。"然后装作要回答的样子，再继续观察老奶奶的面部和手部……

总之，先吊足老奶奶的胃口，等到对方把耳朵和身子向你这边倾过来时，再开口："嗯……我觉得……您61岁了！"痛痛快快地给出一个答案，并且要把对方说得比实际上年轻一些。最好是比对方的实际年龄年轻10岁，甚至20岁。这并不是奉承，而是会说话的表现。

老奶奶肯定会被你的话吓一跳，接着说"怎么可能有这么年轻"。而实际上，她的内心已经乐开了花。这样一来，你和老奶奶的距离一下子就拉近了。

接下来，你可以握住老奶奶的手问："对了，奶奶，我能看看您的手吗？"然后一边抚摸着对方的手，一边说，"奶奶，您的皮肤可真光滑，一看就特别健康。"

接着可以说："您是怎么保养的？话说我母亲得了心脏瓣膜症，还有哮喘，皮肤也不好了，一按就陷下去，半天都恢复不了……"

如此一来，对疾病了如指掌的老奶奶肯定会关心道："啊，你母亲得了哮喘……你等一下。"然后回到屋里取药出来。

此时，老奶奶已经站到你这边了。

当她拿了药返回来的时候，早已忘了自己最初的想法。老奶奶本想把你这个讨厌的销售员赶走，最终反而变得开始赞成你的说法了。

此外，到客户家里商谈，还可能会遇到"家里的婴儿突然大哭"的难题，这种情况可以参照上一本书中的内容。

帮老板做点儿杂活或招呼客人

去店里访问时，最关键的一点是要注意来店的顾客。

即使正在与销售员谈生意，老板也必然以来自己店里买东西的顾客为优先照顾对象。甚至还有可能以店里来顾客了为借口，"有事要忙，今天就先这样吧"，打发销售员离开。

此时，当然还是要先发制人。

发现有客人进店时，销售员要赶紧站起来说："老板，您忙着。"然后在不影响店主工作的情况下，若无其事地帮忙做些事情。

如果货架上的商品摆放得有些杂乱，那么可以帮忙整理好；如果货架上堆积了尘土，可以用手帕轻轻地拂去。店主看到你的行为，一定会心生感动，觉得你是个好人，接下来也不会再拒绝。

如果一次来了好几位客人，那么你也可以帮着老板招待客人。当老板忙着接待其中一位时，你可以快速走到另一位身边，并询问对方："您想买点儿什么？您随便看看。"这样做，可以讨得店主的欢心。

如果不帮忙，而是傻傻地躲在角落里，只会给店主添麻烦。

第 三 章

说话方式决定成败——话术篇

让客户敞开心扉，引导客户做出决定的说话方式

说话，是销售员的天职。

然而，能真正做到用自己的方式从头到尾系统地构建起销售体系的人，实在是少之又少。

而这一切的根源在于日本学校的教育出了问题。

学校的任务，本应是启发学生思考人类、人生、职业、家庭、婚姻、理想、说话方式、人际交往的意义，使他们拥有有意义的人生。可是，如今的学校只会填鸭式地讲授分

数、方程式、圆周率、公元 × × 年发生了什么历史事件，
而这些所谓的"知识"，与社会实际几乎完全脱节。

在我看来，如此教育实在怪异，可大部分人却不这么认
为，也许是因为长久以来早已习惯了。

销售行业也面临着同样的问题。

绝大多数公司似乎没有认识到，"话术"对销售员——这
个以说话为生的群体的重要性，几乎没有一家公司系统地教
给销售员该怎样说话。

怎样说话能让对方敞开心扉，让双方的关系变得融洽？

怎样说话能让对方信服你？

怎样说话能让对方认同你的主张并签约？

下面，让我们来学习怎样应对抵触情绪、获得认同，并
成功地引导对方。

销售员应重点注意的两种说话方式

在日常生活中，我们每个人从早到晚都会接触到形形色色的人。事实上，不仅销售员，我们每个人都应该学习正确的"说话方式"。

掌握与他人愉快相处的方法，以及选择话题的技巧、聊天的方式、离别时的问候等方方面面的话术，这不仅能够帮助你与家人、朋友融洽地相处，甚至素不相识的陌生人也会和你成为朋友。这样的人生，难道不是更有乐趣吗？

然而悲哀的是，很多人不懂得说话方式的重要性，两个人经常说着说着话就闹起了矛盾。

更何况，对销售员来说，客户原本是和自己完全陌生的人，说话方式稍有不慎，双方的关系很可能就会立刻急转直下。有时候，即便自己没有恶意，只因想说的话没有表达出来，或是说话方式稍欠妥当，便会惹得客户极其不悦。

为此，销售员在与客户打交道的时候，一定要着重注意两点：第一，让自己说的话收获最佳的效果；第二，千万不要惹客户不高兴。

那么，具体应该怎么做呢？请听下文分解。

销售话术（一）——做客户的福星，愉快地交谈

销售员拜访客户的目的是什么？

当然是为客户带来福利，带来"好消息"。

所以，作为销售员，必须带着乐观向上的心态与客户沟通。如果你的声音听上去不够自信，那么，即使再好的消息从你口中说出来，也无法让对方有同样的感受。

可是，绝大多数销售员总是面无表情，声音也弱得像蚊子。面对"瘟神"般的销售员，客户根本连一句话都不想

说，怎么可能开心得起来？

要记住，你的身份是一名散播幸福的销售员，所以要面带笑容，自信、开朗地与客户沟通。

如果一名销售员给人以阴郁的感觉，原因可能有两种：一是自身性格如此；二是对自己的销售没有信心。

一个缺乏自信的人，从内心到声音再到表情，无一不是阴沉沉的。这直接导致他的销量不佳。反过来，凄惨的业绩会让他更加阴郁，这样就陷入了恶性循环。

对付这种情况的特效药就是——"假装"。从现在开始，每天大声地说话、大声地笑，不断地告诉自己："我能行！"结果你会发现，夸下的海口反而成了真。

那么，为什么说销售员是福星呢？

大多数情况下，客户并没有使用过销售员手中的商品或者服务。

即使客户听说过，但因为没有亲自使用过，所以不知道商品究竟是好是坏，不了解它会给生活带来多大便利，也不了解它的优势。

而让客户了解该商品的优势，是销售员的任务。通过销售商品，让客户能够享受更美好的人生、拥有更幸福的家庭，让客户的生活更加多姿多彩。

这样的销售员，难道不正是带给客户幸福的福星吗？

要知道，你去销售并不是为了实现自己的利益，而是为了带给客户幸福感。

你要发自内心地认同这一点，这样，你的声音自然而然就会变得轻松而快乐，宛如福星一般。

销售话术（二）——说话时要朝向对方的胸口

大多数销售员喜欢坐在对方的正对面，并和对方保持同样的姿势，场面就像两个评论家在对话一样。

这样做的话，对方是不会把你的话放在心上的。

而一旦客户听不进去，就等于你在"自言自语"。

正确的做法是，朝向对方的胸口说话。

不管是站着还是坐着，都要向客户所在的方向探出身子，向着对方的心脏，保证声音能传达到对方的胸口，而不是在中途就"烟消云散"了。

只有这样，客户才会认真地听你说话。

即使说错了话，也不要盯着对方的眼睛看。探出身子，并盯着对方看，双方都会觉得尴尬。再说，无所顾忌地盯着别人的脸看，也是一种失礼的行为。

一个行为得体的销售员，在与客户交流的过程中，不会紧盯着对方，而是做出随意的样子，看向以对方鼻子附近为中心的区域。

销售话术（三）——喜欢上你的沟通对象

前面说过，让别人喜欢上你最有效的方法，是让自己先喜欢上对方。当你发出一个"我喜欢你"的信号时，这份善意一定会传达到对方那里。收到信号的对方，对你必然是讨厌不起来的。这一点，于公于私都不例外。

因此，如果想让客户对你抱有好感，你首先要深深地喜欢上对方。

任何一个人都有优点，忽略对方的缺点，只关注优点，就一定会喜欢上对方。

销售话术（四）——使用华丽的语言，向对方致以最高的敬意

我从不恭维客户，但会用适当的语言、表达方式和表情向对方致以最高的敬意。

于是，我竟有了意外的收获：客户的眼中闪现出光芒，并且也对我表示了尊敬。

即便是像"早上好"这样稀松平常的问候，也要怀着敬

意说出口，客户一定会明白你的心意的。**怀着敬意的话语，比起口头上的奉承话，效果要好一万倍。**

使用最华丽的语言，也有一定的效果。例如，当夸赞一朵花的时候，比起简单地说"噢，好美的花啊"，"哎呀呀，夫人，这花可真是再美丽不过了"显然是个更佳的选择。

华丽的语言，能让听的人喜悦、兴奋。

销售话术（五）——使用准确的销售敬语

销售员不可以使用礼貌语。

听闻此言，是不是大吃一惊："礼貌语何错之有？"在这里提醒一句，你可能已经在不知不觉中对客户做了失礼的事。

上学的时候，老师教过，敬语分为三种类型：礼貌语、尊敬语和谦让语。这个简单的知识点，相信没有人不知道吧。但是，你能说出礼貌语和尊敬语的区别吗？

能自信满满地讲出二者之间的区别的人，估计还是没出校门的学生吧。很多人大概都搞不清楚礼貌语和尊敬语的区别，而且平时也都是混淆着使用的。

抛开教科书中的讲解，我认为，礼貌语是用来跟不太相熟的人打交道时使用的，并且只不过是最低限度的礼仪罢了。

比如，和初次见面的人说"是××吧""我要……了"会有些失礼，而换成"您就是××吧""我准备……了"就比较妥当。这里的"您""准备"就是礼貌语的体现。

而尊敬语则是对对方表达敬意的用语。

光有礼貌是不够的，还要体现出对对方的尊敬。**对待上级、社会地位高的人、客户等，必须使用尊敬语，而非礼貌语。**

在这方面，销售员最容易说错的一句话就是："打扰了。"

很多销售员在拜访客户时，只是简单地说一句"打扰了"。殊不知，正如前文所述，"打扰了"仅仅是句礼貌语，不够尊敬。很多时候，销售员侵犯了客户的私人领域。因此，请务必怀着敬意说上一句："对不起，打扰您了。"

下面，我们来做个敬语的小测试。

测试一

作为一名销售员，用敬语表达"明天下午 3 点左右去"的含义，前提是你需要提前与客户沟通。请抛开教科书式的标准答案，思考作为一名销售员的最佳答案吧。

"明天下午 3 点去拜访。"——这个答案的尊敬程度显然还远远不够。

对销售员来说，最完美的答案应该是这样的："我想明日下午 3 点左右前去拜访，可以吗？不知您时间是否方便？拜托您了。"

具体分析一下：

首先，"明天"一词过于口语化，应改为"明日"。

其次，将访问时间确定为"下午 3 点"未免有些死板，也容易给对方造成负担，不妨说"下午 3 点左右"，这样显得更加柔和。

当然，实际上你还是需要下午 3 点准时到达。模糊地说成"下午 3 点左右"并不是为了防止自己迟到，而是让客户放轻松。

特别是当对方指定"下午 3 点左右来吧"的时候，其实对方也不确定自己下午 3 点整时是否有空。因此，你也不能使用确定的语气，而是应该委婉地与对方约定："下午 3 点左右前去拜访，可以吗？"

同理，也不要用"前去拜访"这种确定的字眼，而是站在尊重对方的立场上说："我想……前去拜访，可以吗？"

当然，最后别忘了说上一句："拜托您了。"

测试二

假设你需要给客户展示商品目录和资料，用敬语来表达"随便看看吧"的含义。

"请您随便看一下。"——同样，这只是一句礼貌语，还不够尊敬。

作为销售员，你应该这样说："×× 先生，不好意思，想麻烦您稍微看一下这份资料，不知是否方便？"将最能表达敬意的字眼全部组合起来。

这句话的关键点在于，拜托地位高的人做事，所以用"不好意思"开头。并且，不使用"请看一下"这种确定性的字眼，而是说"想麻烦您稍微看一下这份资料，不知是否方便"，把决定权交给对方。

此处没有必要用"简单地"等措辞来替代"稍微"。因为"稍微"是一个带有魔法的词，能让对方的心情放轻松，不妨多多使用。

而如果把"简单地"放在这里，反而有种僵硬的感觉，还会让对方觉得"这事真麻烦"。

测试三

在商谈即将结束时，需要客户从 A 和 B 两个商品中选择一个，用敬语表达询问"选择哪一个"的含义。

如果用礼貌语来表达，"您准备选哪一个呢"即可。显然，这样并不合适。

完美的答案应该是这样："不好意思，×× 先生，您认为 A 和 B 这两款相比，哪一款更符合您的心意呢？"

"加贺田式"销售"铁打不动"的原则便是：在任何情

况下，向对方提问之前都要先说一句"不好意思"。

如果忘记说这句话，对方会觉得"你凭什么问我这样的问题"。

此外还要注意，在这个时候，绝对不能问："您准备选哪一个？"

对方还没有说明自己是否要购买，此时被问到"您准备选哪一个"，心里会嘀咕："我还没说要买呢……"

在测试三中，我们要询问的是对方的想法，不是"要选哪一个"，而是"觉得哪一个更好"。这样才会让对方打消抵触的心理，爽快地做出回答。

销售话术（六）——引导对话的节奏

许多销售员对此有所误解。其实，对话的节奏并非指与对方喋喋不休地一直交谈下去，**而是引导对话的方向，让客**

户做出你想要的回答，最终实现签约。

对销售员而言，这样才是一场成功的对话。

可能你不相信竟然会有如此神奇的魔法，其实，只要掌握了方法，就能简单地做到。

通过下表来说明：

对话的重大原则

引导者 （引领对话的人）	被引导者 （服从的人）
说话并提问	回答
回应对方的答案，继续说话并提问	回答
回应对方的答案，继续说话并提问	回答

下面，按顺序进行解释：

首先，对话的双方，其中一方是引导者，另一方是被引导者。销售员如果想让客户跟随自己的意图行动，最终顺利签约，就必须掌握先机，率先提起话题——这是成功的必要条件。

如果对方先发话，你便无法掌控话题的走向，运气不好的话甚至有可能被对方拒绝："现在有点儿忙，明天再来吧。"

还有一种情况是，被对方问道："你今天来有何贵干？"于是，销售员瞬间变成了客户的仆人般的存在，这实在是太失态了。

因为你只能老老实实地回答："今天前来拜访，是想向您介绍一下我们的产品……"

无论在任何场景下，都是率先发话或提问的人处于主导地位。而随后才开始说话或回答的人，则只能处于从属地位。

所以，一个聪明的销售员绝不会给客户留出自由发言的机会，而是从与客户会面的一瞬间就开始说话，不留一秒空白。

那么，怎样"开启"这关键的第一句话呢？

在任何场景下，都要率先发言、抓紧提问。

"您好，我是××公司的××，不好意思打扰了。我想了解一下，您家里有没有小孩儿？"

即使再沉默寡言的人，被提问了也一定会做出回答。

而在思考问题并回答的过程中，我们会忘记自己原本是想拒绝对方的。

在客户回答了第一个问题之后，销售员要对该回答做出回应，并继续提出第二个问题。

这里要注意的是，对于客户的回答，务必有所回应，可以表达一下自己的想法。

如果对别人的回答置之不理，直接跳到下一个问题，于公于私都是极其不合适的。

举个例子：你询问对方的兴趣爱好是什么，对方回答是足球。而你对此没有任何回应，而是直接开始第二次发问："那么，您家住在哪里？"对方会不知所措，完全不懂你刚才为什么要询问他的兴趣爱好。

这样做一是不礼貌，二是会让对方不悦。对方特意回答了你的提问，你却仿佛没听到的样子，对方怎么可能高兴呢？接下来的对话自然也不会顺利。

所以，销售员对于客户的回答一定要做出积极、正面的回应。

　　比如，当客户告诉你自己家里有几个孩子时，你一定要先对其进行肯定："哇，您家里有三个孩子呢，好期待他们长大后的样子！"接着再问下一个问题，"对了，夫人，我还有一个问题……"

　　销售员如果能做到像这样始终引导着对话的进程，客户甚至没有时间来对你产生抵触。

　　可是，很多销售员却粗心大意地在商谈中停了下来，这就给客户留出了反问"那这个多少钱呢"的余地。

　　让客户找到自由发言的机会，可以说是销售员的过失。

　　而且，大部分销售员被问到价格的时候，都会直接做出回答："噢，这个啊，一共是 189 500 日元……"于是，客户会说："好的，回头再联系吧，把册子放这儿就行了。"

　　好了，至此，你的访问彻底宣告结束。

　　作为一名优秀的销售员，在任何时候都不能松懈，绝不能让客户抓住说这句话的机会。即使偶尔让对方掌握了对话的主动权，销售员也可以不慌不忙地重新掌握主导地位。

　　此时，你可以这样回答："谢谢您。说到关于价格这方面呢，实在不好意思，首先我需要跟您确认一下，您家里一共几口人呢？"

一边答应着准备回答对方的问题（但不真正给出答案），一边接着抛出下一个问题。这样，主导权就再一次回到了你的手中。

对方会接着你的提问回答："哦，我家里呢，除了我们夫妇俩，还有奶奶和两个孩子……"这时，你可以说："哇，您家里居然有五个人呢，平时肯定特别热闹，真好。对了，孩子多大了呢？"

学会引导对话的技巧，你的人生将因此而改变。

客户不会再产生抵触情绪，不能够自由发言，而是被销售员一路引导。当他意识到的时候，已经不知不觉地在契约上签了字。

作为销售员的你，一定要充分理解前文所述的含义，并付诸实践，这样你的业绩才会出现井喷式的奇迹。

销售话术（七）——丢掉羞耻心

销售员最不应该具备的特质就是——羞耻心。

羞耻心是一件毫无用处的东西。

对女性来说，矜持和谨慎也许是必需品，然而，对男性来说，或者在工作场合，羞耻心却成了成功路上的绊脚石。

羞耻心会让你变得扭扭捏捏，声音小得像蚊子声，面容僵硬，根本开心不起来。

羞耻心，岂止是无用之物，简直就是"毁人不倦"啊。

并且，也会将你的紧张、羞涩、尴尬等情绪传递给对方。

如果销售员表现得僵硬，客户也会不自然，双方的关系怎么可能向好的方向发展呢？

所以，作为销售员的你，请果断地抛开毫无用处的羞耻心，向天真烂漫的小孩子学习说话行事的方式吧。

销售话术（八）——说话时调动你的心灵、脸部以及整个身体

说话，原本就是将自己的想法传达给对方的一种手段。

然而，大部分人并没有努力地传达自己真实的心意。

如果面无表情、呆板单调地照本宣科，或是只做"口头文章"，这样是无法沟通真实想法的，沟通的意义也就不复存在了。

销售员不是为了自己，而是为了客户而销售，所以一定要把自己的心意准确地传达给客户。

所以，要带着真情实意与对方交流。

无论是高兴还是惊恐，都要表现得与自己的内心相符。表达感谢的时候，要怀着这份恩情此生难忘的想法说出那句："十分感谢！"

　　真心真意的话语，自然会流露于面部表情：开心时笑出声来，震惊时睁大双眼，感动时闭上双眼，感叹时脸颊颤动。

　　除了面部表情之外，身体的动作也同样重要。

　　说到"那面墙上挂的画"的同时，用手指着画的方向；说着"请您就座"的同时，拉着对方的手并邀请对方来到椅子附近。

　　总之，要调动起你的心灵、脸部、身体等全部机能来丰富你们之间的对话。这样，你想表达的一切都能准确无误地被对方接收。

销售话术（九）——说话时区分轻重缓急

　　"呆板单调、照本宣科"的反面，是"说话时区分轻重缓急"。

大多数情况下，客户并不能从一开始就集中精力听销售员讲话。在对销售员的话产生兴趣之前，往往是一边想着别的事情，一边随便听两句。

在这种情况下，如果销售员像念经的和尚一样讲话，客户听了只想打瞌睡，根本听不懂你要表达什么。

所以，当聊到关键部分的时候，要大声地、清楚地说出来，而其他开场白和修饰语用普通或稍快的语调一带而过即可。

像这样抑扬顿挫地讲话，即使对方毫不在意地随便听听，也能察觉到"这部分是想强调的"。

说话的轻重缓急，自然有它的规则。这规则不是加贺田式独创的，而是每一位电视广播播音员都明白的道理，是全国通用的规则。

就拿我今早乘车时听到的广播来举例子吧。

"昨日，在阪神队与巨人队的比赛中，阪神以3：2的比分取得了胜利。"当时的我并没有刻意听广播里在讲什么，但这条新闻却传入了我的耳中。

这是因为，播音员术业有专攻，声音抑扬顿挫，着重强调了关键信息。

我经常在销售课的讨论环节，向学员提出类似的问题。

那么，如果你是播音员，你会着重强调"昨日，在阪神队与巨人队的比赛中，阪神以 3∶2 的比分取得了胜利"这句话中的哪些信息呢？

然而，从来没有人给出一个完美的答案，由于我们平日里缺乏练习的意识，即便是如此简短的一句话，也无法准确做出判断。

下面公布正确答案：

"昨日，在<u>阪神队</u>与<u>巨人队</u>的比赛中，<u>阪神以 3∶2 的比分</u>取得了胜利。"

以上粗体加下划线的部分需要清晰地重读，剩余部分快速带过即可。

这里所说的"重读"，是指比平时的声音高出一个甚至两个八度。要注意，声音不是逐渐增大，而是只在关键信息处瞬间提高声音。

另外，"清晰地读"是指不要连读。

例如，"阪神和巨人之战"，不要连读成"阪神巨人之战"，而是要区分开来——"阪神、巨人之战"。

至于比分"3∶2"，"3"和"2"要重读，"比"要轻读。否则，会让听的人感到混乱。

接下来看看销售场合的例子。假设你是一名销售员，首次拜访一家公司，并与社长见面。

"早上好，很抱歉打扰您。我是日本商事的山本，我公司是做办公用品等方面业务的。一直以来，承蒙贵公司的大力支持和关照。不好意思，请问社长先生今天在吗？"

那么问题来了，在进行上面这段寒暄时，着重强调哪些关键信息，会让对方觉得"这个人口齿真伶俐啊，还想再多听听他说话"呢？

你可以先试着像上面的例子那样画线并朗读两三遍，感受一下是否恰当。

下面公布答案：

"**早上好，很抱歉打扰您**。我是日本商事的山本，我公司是做**办公用品**等方面业务的。一直以来，承蒙贵公司的**大力支持和关照**。不好意思，请问**社长先生**今天在吗？"

接下来，解释原因：

首先，"早上好，很抱歉打扰您"是为了向对方表达敬意，一定要用心地说。

其次，"办公用品等"是用来简洁地表明你的来意的关键信息，一定要重点强调，给对方留下印象。

同样地，"大力支持和关照"中的"大力"，也要作为重中之重来强调。这是为了暗示对方对自己公司的重要意义。

接下来的"日本商事"相对而言则没有那么重要了。站在客户的角度上，来访的是日本商事也好，东京商事也罢，区别并不大，无须刻意强调。然而，主动自报家门，也是一种商务礼仪。并且，如果你代表一家有名的公司前来拜访，那么自报家门也不失为对自己公司的宣传。

而销售员自己的姓名，对于客户来说是完全无所谓的。不管你是山本也好，铃木或者田中也罢，客户根本不感兴趣。所以，简单、快速地介绍即可。

最后也是最重要的一点，你要见的不是普通员工，而是社长，所以务必清楚地表达这一点。

不过，也没必要把"社长先生在吗"这一整句话都狠狠地强调一遍，这样就实在太啰唆了。

为了突出关键信息，其余部分全部轻轻带过，这是"说话的轻重缓急"的重大原则。

此时，只需强调"社长先生"，对方就足以明白你的意愿了，至于后面的"在吗"就无须用力过猛了。

前面举的棒球一例也是如此。"阪神队取得了胜利"，只需强调"阪神"这一主语，听众就足以了解到"啊，是阪神队胜出了"，而"取得了胜利"就轻轻带过吧。

作为销售员的你，应当以播音员的标准要求自己，多多练习以上例句。在理解轻重缓急的含义的基础上，反复练习，很快就能掌握诀窍。

熟练之后，在正式场合下也能做到收放自如，并成为习惯。

销售话术（十）——节奏分明，发音清楚

不知为何，"销售员说话的语速不能太快"的说法一直颇为流行。

很多人认为，比起快速把话讲完，放慢速度说话是一个更为明智的选择。

对此，我是完全不赞成的。

如果是私人场合，倒是可以慢悠悠地讲话，待对方细细品味。但在工作场合，过慢的语速会拖延时间，让对面的人疲惫不堪，而在对方冷静下来之后，你极有可能会被残忍地拒绝。讲话之前先做个深呼吸，再娓娓道来，这种方式对于销售反而会起到副作用。

为了方便理解，我们可以用音乐来类比：当背景音乐响起舒缓的曲子时，会让人萌生睡意；而节拍强烈的舞曲，则

会让人的肾上腺素飙升，心情瞬间好到爆。

听你讲话的客户心情也是如此。

口齿伶俐、语速较快的销售员节奏明快地讲话，就像是奏着令人心情愉快的乐曲，令客户陶醉其中，并认真地听下去。

句尾处戛然而止，也是构成讲话节奏感的重要一环。

一句话讲到结尾时，语调既不要上扬，也不要下降，更不能拖长音，而是要在任何时候都记得"戛然而止"。这一点是把话讲清楚的"铁则"。

例如，在英语中，疑问句"Do you"的句尾语调要上扬，而在日语中则没有这个必要。如果你用上扬的语调说"是××吗"的疑问句，会给人留下轻浮的印象。

当然，如果你用句尾语调下降的日语说"是这样啊"也是行不通的，这会给人留下阴郁、没精神的印象。

最好的方式是在如早晨打招呼时，或者在讲话停顿时把句尾拖长。因为仅仅拉长了句尾部分，听上去并不会显得拖沓和孩子气。

如果你是个有心人，现在要做的是立刻改正之前的坏习惯，今后在讲话时要注意节奏分明。

销售话术（十一）——友好、亲切地交谈

日本的销售员最缺乏的一点便是——友好。

他们行事总是太过死板，对待所有人都一视同仁且十分见外，从而很难展开一段关系。大概他们误以为这样才是懂礼仪的表现吧。

然而事实上，礼仪和死板完全是两回事。

换句话说，礼仪规范和平易近人这两件事是可以共存的。

想给客户留下礼貌而友好的印象，除了使用规范的言语外，还要让对方感受到你在说话时发自内心的最大的友善、亲切和坦率。

比如，我在和客户打招呼说"早上好"的同时，绝不会

将两手紧贴裤线。

你的谨慎只需要用在最初踏进事务所的时刻，规规矩矩地说声"早上好"。因为并不是和特定的某个人打招呼，所以此时可以尽情地展现你礼貌的一面。而当你走到客户身边后，依然摆出一副端端正正的姿态，就未免太过生硬了。

我一般会这样做：一边轻松地和对方打招呼"嗨，早上好"，一边将双手放在身体两侧，就像滑雪杖搭在两侧那样，再鞠个躬。当然，脸上一定会带着笑容。

这样的行为和笑容让气氛变得融洽，能有效地缓解客户的戒备。销售员本人的心情也得到了放松，可以随机应变地讲笑话、幽默风趣地与对方攀谈。而只注重礼仪，生硬地讲话是达不到上述效果的。

什么样的销售员能得到客户的青睐呢？一定是友善、亲切、面带笑容的。

销售话术（十二）——说话时表现出兴奋

最后要提醒销售员们注意的是：说话时要表现得兴高采烈。

一件商品究竟是好是坏，只有实际用过才知道。而促使客户想尝试使用这件商品的原因，不是他真的了解商品的优点，而是销售员的暗示——"这件商品不错哦"。

客户认为商品有价值与否，取决于销售员的说话方式。

如果销售员只会干巴巴地例行公事一般罗列商品的优点，客户根本不会觉得它好。

相反，如果销售员发自内心地觉得自己的商品超级棒，并且兴高采烈地给客户讲解商品的优点，那么客户一定会收到来自销售员的暗示。

至此，让我们重新思考：销售员的工作是什么？

把自己认为好的商品卖给客户，让客户从中受益，这正是销售员的职责所在。

也就是说，我们推荐给客户的是最好的、最棒的商品，不是可有可无的，而是客户有了它能大幅提高生活质量的商品，客户也会因此而高兴万分。

这么优秀的商品，想冷静地介绍给客户，根本做不到啊。

私人场合也是如此。

当你和朋友说起爱不释手的包包、手表，或者终于下定决心入手的新车、摩托时，就算不是手舞足蹈，也做不到非常冷静吧？一定是不顾一切地、拼命地嚷着："快看，快看！那款包是限量版的呢！""怎么样，我的新车是不是棒极了？"

在工作的时候，请调动起这种热血沸腾的感觉吧。

你冷静地说，客户也冷静地听；

你兴奋地说，客户也跟着兴奋。

看到对面兴奋的你，客户心里会想："听起来感觉还不错呢，既然他都说到这个份儿上了，不妨就相信他吧。"有时候，暗示就是这么简单。

销售不需要借口。

只要销售员打心眼儿里喜欢自己的商品，并且兴高采烈地把商品的优点介绍给客户，即使是再冷血的客户也会被攻克。

兴奋，是销售员最后的制胜法宝。

第 四 章

做销售，最大的敌人是你自己的软弱

性弱说——人之初，性本弱

俗话说："人之初，性本善。"意思是人与生俱来的天性是善良的。

我不敢断言，人之初究竟是不是性本善，但我可以肯定地说，人之初，性本弱。人生来不是强大的，而是弱小的。

人是弱小的生物。每个人都同样弱小，世上没有一个人生来强大。

这里所说的"强大"，是指自我控制的能力。在没有任何约束的情况下，能坚持自律，直到最后一刻的人，是所谓"强大的人"。

若有人真的能做到这一点，我会佩服得五体投地。

遗憾的是，迄今为止，我从未遇见过如此强大的人。

人们之所以风雨无阻地坚持上下班打卡，是因为不这样做就会被公司开除，赚不到钱就会被老婆训斥；之所以每次都专门把车放在停车场，是因为不这样做就会因为违停而被罚款，没有人愿意为此而掏钱。

因为受到各种限制和处罚，弱小的人们才会愿意维持理性。

如果一个人不属于任何组织，也没有一个亲人，无论做什么都是他的自由，会怎样呢？

有很大的可能，他会经常翘班，今天下大雨、昨天喝得有点儿头晕等，都足以构成他不工作的理由。

自然，我也不例外。

如果没有世人的眼光、社会的约束，我也会时常旷工，也想天天享乐，最终成为一个堕落的人。

而弱小如我，是怎样在艰难的销售世界中脱颖而出的呢？又是怎样做出签约率 99% 这样令人难以置信的成绩呢？

因为我意识到了自己的弱小，并督促自己、严格地要求自己。

在成为销售专家的道路上，最大的敌人是你自己的软弱。

本章将具体介绍：与这个最大的敌人相处的方法，约束自己的行为、满怀爱意地工作的方法。

每天给自己制造一些"喜悦和恐惧"

当事情进展顺利时，心情就会松懈下来。如果中午之前就已经完成了当天的定额，就会想休息，想着要不今天就到此为止吧。很多销售员的日常便是如此。

然而，对于销售员来说，即便是短暂的休息，也会造成致命的后果。

休息一下，听上去没什么问题，但在工作时间内休息，本质上就是旷工的一种。只要有了第一次，就会有第二次、第三次，继而形成习惯，最终很可能一路堕落下去，直到无法自拔。

为了防止自己掉入这样的地狱，我在一线工作期间，每天都会想方设法给自己制造一些"喜悦和恐惧"。下面把我自己的方法介绍给大家。

当初还是一线员工的我，不是领导者，也不是管理者，只是一个再普通不过的销售员。每天早晨，我都会随机找一名同事，和对方来一场竞争。

不是口头上的竞争，而是真金白银的竞争。

如果赢了，收获的不只是"我赢啦"的喜悦，还有实实在在的金钱；一旦输了，失去的不只是被屈辱带走的骄傲、自信，还要输掉钱财。所以说，真的是实实在在的"喜悦和恐惧"。

只有一天的工作结束之后，才坐下来区分胜负。所以，我在整个白天都不停地拼命工作，根本停不下来，直到最后一刻才有喘息的时间。

而这一切并不是因为我的内心有多么强大，只是不愿输给别人，以及输了也不想让人知道罢了，只是恐惧感在作祟而已。

当然，如果我始终保持常胜不败，那就没人愿意陪我玩了，所以后来我想了个办法，那就是给自己设置一些不利条件。比如，对方只要达到 10 万日元的业绩就能赢我，而我必须达到 30 万日元的业绩才算赢对方，这样别人才愿意和我打赌。

可即使这样，我还是一直赢。于是，第二天我只能把条件改成：如果对方赢了，可以获得 3 倍的赌金。接着又变成 5 倍、10 倍……

看起来我是吃亏的一方，而事实上，我其实并不在乎输赢。

正因为规则不平等，我只需要竭尽全力，便无愧于心。最初的目的并不是赢钱，而是调动自己的积极性，所以即使输了也没关系，我还可以从头再来。

所以，我未曾犹豫过一次，甚至一次又一次地主动提出越来越不平等的条件。

除了业绩的要求变得不平等，连赌金也开始不平等，对方输了只需要付出 100 日元，而我输了却要付出 10000 日元，让对方的损失减小到最少。而对方一旦获胜，便可以获得数千日元甚至数万日元、数十万日元的回报。这样一来，大家便都乐于接受我的挑战。

我就是这样把自己逼到"绝境"的。

也正是这样，我才创造了签约率 99% 的神话。

我的同事中也有狡猾之人，明明业绩很差，却向上级谎报说自己的销售很顺利，说白了就是弄虚作假。而我只好认输，并支付了数十万日元的赌金。真相大白的时候为时已晚，对方已经卷钱跑路了。

可即便如此，我也没有一点点后悔。

如果人生可以从头来过，而我还是一名销售员，我依然会坚持同样的做法：提出对自己不利的条件，请求同事陪我赌一局。

当然，我不会推荐大家模仿我的做法，只是不得不说，用赌局来迫使自己上进确实有很显著的效果。

永远不要说"不可能""太难了""做不到"

我绝不会说出"不可能""太难了""做不到"这样的字眼，这是为了严格要求弱小的自己。

无论工作场合还是私人场合，每个人都常常想逃避，因为觉得根本"不可能"。

然而，只要这句话说出口，本应有的智慧和勇气也会消失不见。一旦说出"太难了"，就会越发觉得它棘手；一旦说出"做不到"，就真的无能为力了。

因此，即使我心里觉得一件事"不可能""太难了""做不到"，也会努力控制自己，绝不说出口。并且，不仅仅是在心里默默地想，我还会写在纸上，张贴出来，向周围的人宣布。如果自己不小心说了不该说的话，就要处以罚款，以示惩戒。

说出去的话就像泼出去的水，随随便便就忘了，所以才要用金钱来惩戒。再加上和同事比赛，利用第三方的监督，强迫自己不找借口，努力上进。

此外，我除了坚决不说"不可能""太难了""做不到"这样的话，平时还会刻意多说"太简单了""没问题"等。

无论别人问我什么问题，我都会不假思索地先回答"太简单了"。即使是看上去难如登天的事情，我也会告诉对方"没问题，我可以"。

这其实是一种气势。

简单的气势，能干的气势。

世上无难事的气势。

反过来，气势也成就了人。

嘴里说着"太简单了"，心里也会觉得它确实不难。嘴里说着"没问题"，一个个好点子也如泉涌般浮现在脑海中。事实上，正因为坚持这样做，每件事情我最终都能圆满地处理好。

建议你从今天开始，也把"不可能""太难了""做不到"这些话从头脑中抹去，试着多说"太简单了""没问题""我可以"吧。最初只是用来给自己打气，时间长了就会成真。

越逞强，越优秀

形成常说"真简单""没问题"的习惯之后，下一步依然是——逞强。

"世界上没有办不到的事情！"

"没有什么商品是我卖不出去的！"

为了鼓舞自己的斗志，我把自己变成了一个喜欢在大庭广众之下吹牛皮的人。

不可思议的是，我真的变成了一个无所不能的人。不管条件多么艰难，我都能顺利地卖出商品。

哪怕是价格高昂的奢侈品，甚至泡沫经济时期无人问津的不动产，对我来说都不在话下。曾经有一位宣称自己第二天就要搬家的客户，起初，他对我的推销嗤之以鼻，可最终还是以乖乖签约收尾。

于是，我们可以得出结论——世界上没有什么东西是卖不出去的。

"常识"什么的都是胡说八道

软弱的人喜欢给自己的所作所为找各种借口，其中最荒谬的一种便是："一般按照常识来说……"

"常识？常识又是个什么东西？根本就是胡说八道！"

以上是我的口头禅。

就拿刚才提到的例子来说：

一般来说，第二天就搬家的人，根本不可能买公寓，可我却成功地把公寓卖给了他。其实，只要你想把一件东西卖出去，就一定能成功。可是，很多人却被所谓的"常识"困住了手脚，白白浪费了大好时机。

我曾经屡次成功地让一分钱积蓄都没有的人买下了首付超过 600 万日元的公寓。即使客户说他自己没有钱，只是来看看，我也丝毫不会为此动摇，而是会说"没关系，交给我吧"。客户来了之后，当场就签约。

让不可能的事变为可能，是一种哲学，而所谓的"常识"根本就是胡说八道。

我认为，男人的目标，应该是做他人做不到的事、超越常识的事。

对于销售员而言不可或缺的"精英之路"

从一线销售时期直到今天，我一直很看重"书写"的作用。仅仅在脑子里有个念头，过会儿很容易就忘了，而在纸上写下来，不但可以加深记忆，还可以反复阅读。我一直保留着一个习惯：读书或看杂志时，只要遇到有意思的内容，就会立刻拿出手账本记下来。

如果是写备忘录的话，只要简单地做个记录即可，而对于前面提到的"太简单了""没问题""我可以"这样与工作相关的誓约和目标等，则写下来并贴在办公室的墙上。这样做的效果相当明显，让自己受到同事的监督，强迫自己不得不为此而付出努力。

我在做一线销售工作时，在墙上贴过很多自己写下的誓言和目标。

我从中摘取精华的部分，也就是销售员必须遵守的十一条心得，即所谓的"精英之路"。

精英之路

一、挺胸阔步地走路——磨磨蹭蹭地走路，心情也会随着懈怠；

二、哼着节奏感强的歌走路——劲头也跟着上来了；

三、向着天花板打招呼——第一声就征服对方；

四、迅速进入提问环节——稍有耽搁，对方就会产生抵触心理；

五、善于发现对方的长处并赞美之——让对方开心；

六、一分钟之内坐下来——一直站着容易被对方拒绝；

七、把必要性写在本子上——写下来更易于理解；

八、简明扼要地介绍商品——对方对于商品本身并无兴趣；

九、最后环节让对方从两个之中选择其一——对方一定会给出一个答案；

十、用"是的，不过"的句式回应抵触心理——对方瞬间变得不再排斥；

十一、最后依然要保持兴奋的状态——你的冷静会导致对方同样冷静地拒绝。

以上十一条内容，是我在全面思考"对于销售员来说，哪些素质必不可少"的问题之后总结出来的。只要严格按照这十一条内容去做，你就会成为一个成功的销售员。

这也是我在一线工作时曾经严格遵守的准则。关于每一

条的具体含义，前文以及上一本书中均有涉及，在此便不再
重复解释。

销量不佳，必有原因

凡事都有因果。

卖得好或不好，都有一定的原因。

世界上所有的事情都有其相应的原因。

前面介绍了想成为销售精英的"精英之路"十一
条。与此相对，卖不出去的原因也可以总结为以下十一个
方面。

卖不出去的原因（一）——你还记得自己的梦想吗？

人生好比航海的旅程，心中的梦想和目标如同彼岸的世外桃源，就算竭尽全力也要到达。

你的梦想是什么？做一名职业棒球手？成为宇航员？做个有钱人？心中的梦想激发出喷薄的肾上腺素，欲望催生出所有的原动力。

而欲望又能化作强大的力量，帮助人们战胜航程中无数的苦难。

可是，生来软弱的人们常常在困难面前失去前进的欲望、受到挫折、犹豫不决。如果被惰性战胜，失去了梦想，就如同汪洋大海中漫无目的漂流的小船。

就拿我来说吧。23 岁那年，刚刚开始从事销售工作的我，便下定决心要当上社长，并在 30 岁之前结束作为一线销售员的职业生涯。于是，我拼了命地努力，比所有人都用心，不敢浪费一分一秒。先是当上了主任，一个月后升职为系长，接着又做了课长、部长，按部就班地获得了自己想要的荣誉。

如果我未曾梦想做一个有钱人、当社长以及30岁之前隐退，那么，我很可能平平淡淡地度过我的一生。

梦想可以是：登上那座山顶、摘下那颗星星，甚至是在院子里养一条鲸鱼。没有梦想的男人，不是真正的男人。

最愚蠢、可怕的人生，是没有梦想和目标，在惰性中浑浑噩噩地度过的人生。

生活在惰性中的人，终将一事无成……

卖不出去的原因（二）——有没有给自己制造"喜悦和恐惧"？

我们每天从早到晚忙忙碌碌，为的就是"追求喜悦"和"逃离恐惧"。

所以，每天都应该让自己体验"挑战极限工作的快乐"和"碌碌无为的恐惧"。

如果在尚未明确喜悦还是恐惧之时便开始行动，实际上你已经成了失败者。

卖不出去的原因（三）——你的上进心被点燃了吗？

世间万物都是在竞争中前进的，人也是在竞争中成长的。

竞争，可以是自己与他人的竞争，也可以是自己与自己的竞争。一旦停止竞争，人就会堕落下去。

每天都要思考：今天把谁作为自己的竞争对手呢？

前文提到的我与同事打赌的故事，正是"让自己体验喜悦和恐惧"以及"点燃上进心"的体现。

卖不出去的原因（四）——有没有把抱怨和不满挂在嘴边？

人们总会不经意地抱怨身边的事物，"怎么又下雨了""天气太热了""今天真冷啊""唉，又要开早会了""今天估计又要忙了"……

以下是失败者的专属理论。

下雨天，衣服会弄湿，鞋子会弄脏，令人头疼。天气热，人会出汗、口渴，身体疲惫。天气冷，人会挨冻，不愿出门。

的确，没有人喜欢坏天气，但说了又有什么用呢？只会让自己越来越不想动。

所以说，这根本就是一种"自我毁灭"的行为。

胜利者绝不会念叨那些无法改变的事情、已经确定的事情，以及说了也没用的事情。

如果你忍不住想抱怨，不妨告诉自己"这也是人生修行的一部分啊"，一笑而过吧。

于是，暴雨、台风、事故等都变成了你人生中幸福的时机。

卖不出去的原因（五）——私人生活是不是正常、有规律？

"以小见大"这句话不是没有道理的。

私生活混乱的人无法成就大事。

生活不规律的、负债累累的、欲望过多的人，正走在自我堕落的路上。一个人格有缺陷的人，如果维持现状，别说工作，连人生都会毁灭。

如果你察觉到自己的私人生活已经有开始混乱的苗头，一定要尽早发现并改正，给自己"动个手术"吧。

卖不出去的原因（六）——有没有公私混淆？

工作时间接打私人电话。

上班时间顺便去邮局或者政府部门办事。

这些并不是什么大事。

但我要说的，与事情的轻重程度无关，而是只要在工作时间处理私事都是不被允许的。

分不清公私之间的区别（界限），就无法在工作时始终保持精力集中。很快，你就会变得习惯翘班，最终堕落。

卖不出去的原因（七）——对待所有人都怀着亲切之情吗？

我们经常会听到警察酒驾或有猥亵行为等新闻，简直令人笑掉大牙。

就算不是所有的警察都天性善良，但既然从事这份以"保护市民安全、守护和平"为己任的职业，至少应该遵守"生而为人的道德"吧。

对于销售员来说也是如此，既然从事一份"帮助他人获得幸福"的职业，就应该为所有人着想，努力让每个人幸福。

你还记得"爱"与"亲切"的重要性吗？

卖不出去的原因（八）——你的声音足够霸气吗？

当一个人想做成某事的意愿足够强烈时，他的热情和信念就会闪耀着光芒，他的全身都会散发出霸气。

干劲十足的人，声音不仅洪亮，而且饱含着充沛的精力。而懒散的人和为某些事情而烦恼的人，声音就会很微弱。

在私人场合，说话的音质和音量并不是那么重要，但在工作场合，意愿的强烈与否直接决定着是否能谈成一单生意。而意愿的有无，则是通过声音来传达的。

既然如此，其他因素暂且放一边，有干劲的人一定会大声地表达出来。

即使你暂时还没有那么大的干劲，也要特意把音量加大，这样才能激发出一往无前的激情。

卖不出去的原因（九）——你是一个墨守成规的人吗？

世上最可怕的便是"坏习惯"和"墨守成规"。十年如一日地重复同样的事情，生活还有什么意义可言？

如果你决定把今天过成人生中最有意义的一天，那么自然而然地，你就会知道挑战的目标是什么，明白内心向往的是什么。

不愿挑战新事物的人，他的生命没有意义。

卖不出去的原因（十）——你是否愿意摆脱苦难？

世上有积极的人，也有消极的人，二者的区别是什么呢？

按照字面意思理解，积极的人就是努力上进的人，消极的人就是止步不前的人。

这两种人生，哪一种更幸福呢？

我曾经在一家企业做过培训，那时认识了一个奇葩青年，他像没牙的老婆婆一样。我和他一起吃过几次饭，他每次必定会点一道豆腐。

我问他："要不要来点儿别的？"

他回答："不行，吃太硬的东西牙会疼。"

"为什么不去看牙医呢？"

"用机器磨牙太疼了……"

　　（也不知道这个青年在家里是不是也只吃豆腐，甚至，我都不知道他是不是还健康地活着……）

　　在这里，我想问大家，如果是你，得了虫牙会不会去看牙医呢？

　　1．尽早去看；

　　2．恶化之后再去看；

　　3．不去看。

　　相信大多数人不会选择"不去看"。

　　下一个问题是：

　　去看牙医之后，你会想些什么？

　　1．这个牙医的水平到底怎么样？能不能治好我的牙痛？要是受不了该怎么办？要不要回家呢……

　　2．既然都来了，那就听天由命吧，牙医怎么摆布都行。即使再痛也就是一瞬间的事儿，治好后就可以尽情地爽了。要不看本漫画吧……

　　这一次，你又是如何选择的呢？

　　选择后者的人，只需要痛一秒钟，而选择前者的人，则因为磨磨蹭蹭地不去治疗，痛苦了很长时间。

面对炎热、寒冷、下雨天、早会、销售开始的时刻，不要认为这些是"痛苦"，坚强地面对，你便丝毫不会觉得它们"苦"。

但是，如果你太过在意，反而会被苦难打倒。

不仅工作，其他辛苦的、烦琐的事情，只要努力去做，就会逐渐看到成效。而一边抱怨一边做，辛苦程度会千百倍地增加。

何不积极乐观地面对"痛苦"呢?

卖不出去的原因（十一）——你是一个轻言放弃的人吗?

销售的精髓，在于"永不言弃"。

下定决心不放弃，再难搞的客户也会最终被说服。你的智慧、勇气、话语就会如同泉涌一般"永不枯竭"。

多数的销售员正是因为内心不够笃定，所以会把对方拒绝自己的话当真，并把它当作自己轻言放弃的借口。

如果你坚持到底不放弃，会换来客户的一句，"既然说到这个份儿上了，那就如何如何"，这样你才会成功。

坚持不放弃的信念从何而来？——源自你的习惯。

日常生活中，不管多小的事情，一旦开始做了，就要坚持到最后，并形成习惯。平日里的习惯延伸到工作中，能帮助你取得成功！

你有没有养成这样的习惯？一旦开始做一件事，直到成功为止，绝不轻言放弃！

以上十一条，一般用于上司对下属的检查。当然，你也可以用它来自查。

如果因为最近的业绩不是很好而感到困扰，可以对照这份清单，试着找出自己的问题所在。

中村久子的人生信条，深深触动了少年加贺田晃

"常识什么的简直是胡说八道，世界上没有不可能的事情。"

这是加贺田式销售法的根基哲学，是三位伟大的人教给我的。

本书的最后，我想聊聊年轻时的恩人，他们教会了我很多，很多。

第一位恩人是"不倒翁女人"——中村久子。中村久子年幼时因为冻伤，导致双手和双脚被截肢。之后，她作为杂耍艺人谋生。

我在上中学时第一次观看了中村久子的表演，当时，我惊讶得眼珠都快飞出来了。

面容和蔼、优雅的老奶奶，却没有双手和双脚，而她的

表演技艺又是那么炉火纯青。这简直让我震惊到无以复加。

"我有工作，我的职业是一名杂耍艺人，请看。"

说完，中村久子将一根10多厘米的、紧绷的麻线放入口中，嚅动片刻，竟然编出了一只栩栩如生的蝴蝶。台下的我，简直佩服得五体投地。

中村久子又说："每天从早到晚，吃饭、整理等所有事情都是我自己完成的，缝东西我也可以。"接着，她把针和线放入口中，并成功地穿针引线，然后用肩膀操作，完成了缝纫。此时，我已经惊讶得连话都说不出来了。

最后，中村久子拿起笔，在一张大人的纸上写下了自己的座右铭。

纸上的内容，我一生都不会忘记。

有志者事竟成。

不为则不成。

——中村久子

我告诉自己：

在这个世界上，只要你想做，就没有做不到的事情。

那是我人生中最多愁善感、最容易受到触动的时期。所幸，我发自内心地信服中村久子的话，从此坚信世界上没有办不到的事情。

因此，我要深深地感谢中村久子，是她给予我不言败、挑战一切的精神。

穆罕默德·阿里教给我的——对于胜利的执念

我的第二位恩人是著名的拳击手卡修斯·克莱，更广为流传的是他改后的名字——穆罕默德·阿里。

刚出道时，他被戏称为"吹牛皮的克莱"。面对比自己强大的对手，他总是毫不客气地说"我一个勾拳就能把这家伙打趴下"或者"等着瞧吧，今天三个回合就把他 KO"。

耍帅的克莱，一下子成了人气王。

很快，他兑现了自己的承诺，战胜了比自己级别高的对手，吹下的牛皮变成了事实。

随着人气的飙升，克莱的水平也在不断提高，最终成了重量级冠军。

随后，克莱由于拒绝服兵役被收回了金腰带，并被禁止参加比赛。此后 3 年多，他一直赋闲在家。复出时的阿里，已经年近 30 岁。

阿里暂别拳击场的这几年，拳坛已经有了新的霸主，那就是被称为"史上最强王者"的乔治·福尔曼。

福尔曼拥有全战全胜的战绩，在此之前从未有人达到过这样的高度。

阿里迫切地希望和福尔曼对战的想法遭到了周围人的一致反对。大家觉得："阿里虽然实力很强，但福尔曼的实力更强。况且，阿里已经过了最佳年龄，不可能打败福尔曼。"

阿里把福尔曼的训练对手拉到自己的阵营，想了解福尔曼的弱点。可对方的回答令人绝望："福尔曼没有任何弱点。在训练中，我好几次差点儿丧命。要说阿里和福尔曼谁更强，那绝对是福尔曼。"

即便如此，阿里依然没有放弃胜利的希望。

他不断地思考，相信自己一定能找到获胜的方法。最终，功夫不负有心人，阿里发现，福尔曼迄今为止从未打过12个回合。也就是说，福尔曼没有耐力分配的经验。

对战当天，面对福尔曼，阿里始终采取防御战术，像个沙袋一样被打来打去，还要忍受台下的一片喝倒彩声。终于，福尔曼累了，阿里成功反击！第八回合的钟声敲响，阿里以狂风暴雨般的快速出击，打败了巨人！

作为阿里的忠实粉丝，我趴在电视机前目不转睛地看完了整场比赛，感动极了。

阿里扭转了对自己完全不利的局面，打倒乔治·福尔曼的瞬间，我的鸡皮疙瘩都出来了，并且再一次想到：

世上没有不可能的事情，一定有解决的方法。

这场比赛后来被拍成了电影。

电影的最后一幕，阿里与年轻的训练对手迎着夕阳在海边跑步。

阿里回头看到已经累得筋疲力尽、停在椰子树下休息的年轻人，于是跑回他身边，一边坚持做着跑步的动作，一边告诉对方：

"当你觉得已经到极限的时候，其实才不过一半，剩下
的一半要坚持住啊！"

说完，阿里默默地继续向前跑，身后留下夕阳的余晖。

这句话再次打动了我：

"当你觉得已经到极限的时候，其实才不过一半。"

我无数次品味这句话，并下定决心自己也要努力做到。

本田宗一郎的生存哲学——让这个世界变成你喜欢的样子

我的最后一位恩人，是著名的本田的创始人——本田宗
一郎先生。

中学时代，我就立下目标要成功，成为有钱人，于是开
始广泛阅读心理学书籍和成功人士的传记。

某个偶然的机会，我接触到了本田宗一郎先生的著作。在书中，他这样介绍：

明事理的人通过调整自己来迎合这个世界。

不懂事的人努力让这个世界变得符合自己的心意。

所以说，是那些不懂事的人在让这个世界进步。

这简直是至理名言啊！

本田先生创立公司之时，世界上还没有摩托车这种东西，他造出了世界上第一台摩托车。

本田首先想到，在自行车上安装一个小小的引擎。尝试成功之后，他又想制造出行驶速度更快的工具，最终成功地创造出了如今的摩托车。

再想想这句话："让世界变得迎合自己，就是推动这个世界进步。"

对于本田先生的生存方法和思维方式，我深有感触。这才是真正的男人该有的想法。

如果只是沿着别人铺设好的轨道行驶、按照别人的想法生活，那岂不成了机械的齿轮？

别人让你向右，你就不敢向左。毫无长处、普普通通的路人甲才会这样做。

而主人公是不会随波逐流的，而是让别人顺遂自己的心意。我永远不会随波逐流，要做永远的主人公！

本田先生的名言，让我有了这样的想法。

所以，无论销售何种商品，我都扮演着那个"不懂事的主人公"的角色。

普通人会觉得，像不动产这样高额的商品根本不可能很快卖出去；说要和男主人谈谈，却让女主人单独决定，是不是太荒谬了；这样是不是有点儿强行推销的意思……于是，他们放弃了。但我不会，永远不会放弃。

我不会被所谓的"常识"束缚。

我不会随波逐流。

我可以卖出任何一件商品。

世界上没有我办不到的事情。

我的自信来源于三位恩人的生存哲学。在本书的最后，
向他们致以最真挚的感谢和敬意。

谢谢！

写在最后

前段时间，有人问我：

"如果有来生，你想做什么工作？还是做销售吗？"

沉思 10 秒，我回答他：

"是的，我还会选择销售行业。"

回首过去 66 年的人生路，形形色色的人和事浮现在眼前。

穷困潦倒的少年时代，中学三年级时便辍学，15 岁起开始务工，23 岁转行做销售，39 岁至今从事企业培训。说来简短，实际上可没那么简单……

回首往事，我想，我的人生最为闪耀的瞬间，当属第一次销售成功之后，走出客户家门时，映入眼帘的街景闪着光，似乎在为我祝贺一般。

我的一生中曾有成百上千个喜悦、激动的瞬间，而其中最令我欣喜的，甚至觉得"人生最开心也不过如此"的，永远是那些用尽全力最终赢得客户的心（销售成功）的刹那。

正是通过一次次销售，才让我明白怎样按照自己的心意生活。销售的过程如同一场惊险、刺激的心理战，我沉醉于每一次战胜对手的喜悦之中，那简直是人生中最精华的时光。

感谢"销售之神"。

感谢帮助和支持我的各位。

作为回报，我将自己的销售战术总结在本书中。

希望对您有所帮助。

后序　说对了话，当场搞定人

《高情商聊天术》作者　张超

我经常会收到出版社的赠书。有一天，助理收到《当场就签单》这本书的时候，当场抱怨了一句："这本书的书名可真够夸张的。"接下来，他又说了一句："可以先给我看下吗？"

我当场就答应了。

后来，助理一个星期就看完了，不但把书还给了我，还自己买了一本。

他果然是一个有悟性的年轻人，《当场就签单》

并不仅仅适用于销售人士，高超的销售技巧适用于全领域——人人都是销售员，不论你在做什么工作、在工作中处于什么样的位置，只要被设置了工作岗位，就一定对应一个需求，每一个需求背后也一定有要服务的客户。

这种普适性也反映在生活领域，如要做一个合格的父亲，就需要有能力向孩子销售自己的人生理念和想法，而不是强迫对方听自己的。

"搞定人" 就是成功地把自己的想法装进对方的脑子里。这是我们所有人想实现的目标，而这个目标的实现，一定不能用欺骗、威胁和强迫的手段来完成，因为以上手段，只要用一次，例如，你威胁了一个人一次，你将永远失去这个人的信任。

在日本，被誉为"销售之神"的加贺田晃"搞定人"的经验是从哪里来的呢？

第一，他用自己在日本生活的底层经验来认知，"人"是一种什么样的动物？人的欲望是什么？人的需求是什么？人类幸福和痛苦的本质是什么？

这些问题的解答，每一个人内心自有答案，但是人类还是有共同点的，人们做事也一定有自己的底层逻辑。马斯洛用"生理需求""安全需求""社交需求""尊重需求""自我实现需求"等来解释人的需求；阿德勒用《自卑与超越》解释了人是需要用自己对他人的贡献来实现自我的幸福感的；弗兰克尔用《活出生命的意义》提出人可以对客观世界进行自己的定义和解读……

加贺田晃在中国出版的第一本书叫《当场就签单》，这本书在日本被誉为"销售绝学"。不仅因为这本书里有令人动心的销售绝招，更因为是他人生的第一本书，有自我表达情感的需求，所以我们能从一些销售案例的侧面，看到加贺田晃的人生轨迹和生活哲学。

一次，他要销售的产品是北海道的荒地。

有一位全职太太成功地当场签单了。签单之前，这位太太说了一句："我想和丈夫商量一下。"加贺田晃说："男人有钱就想着花光，您自己置办点儿私产，不必和他说。"

后来，加贺田晃拿着这位太太给的定期存折去银行取款的时候，银行为了核实，联系了这家的男主人。

男主人火冒三丈，加贺田晃只能去送还定期存折和印章。

等加贺田晃到他家的时候，男主人被气得整个人都是抽搐的。他破口大骂，并且，加贺田晃发现了女主人当时被严重地家暴！

于是，加贺田晃等到男主人发泄完之后，说了如下一段话，实现了当场签单："先生，哪怕您打我，我也必须说两句。我是我家6个孩子里的老大，我爸在我刚懂事的时候就死了，我妈也有心脏瓣膜病，每天都因哮喘病而卧床不起。身为大哥，我每天早上起来上山砍木柴，下海捞蚬子，卖的那点儿钱好不容易才把我那群弟弟妹妹供到中学。可以说，我比谁都知道钱有多重要，多宝贵！"加贺田晃用高过男主人的激情讲述了儿时的经历，"所以，我才必须得说，先生，这块土地是足以保障孩子将来的土地！就是因为昨天只有太太自己在家，我才只卖给太太一人份50坪，今天您也在，请您也买一份！两个人加起来是100坪，请问土地写哪位的名字？"

结局就是他不光避免了退货，还促成了男主人的购买，把 50 坪变成了 100 坪，全胜而归。

加贺田晃在这个案例最后，有一段补充：

最开始男主人真的是暴跳如雷，我都担心会不会被他痛打一顿。换成一般人，肯定是放下东西就跑。

可是，当我看到被打得遍体鳞伤的太太的那一瞬间，我立刻改变了主意。

如果我就这么放下存折和印章，被迫解约的话，那位太太以后在家里将会毫无地位，一辈子抬不起头。

我实在不能允许这种事发生。

所以，我不能走。

就算是为了这位可怜的太太的将来，我也一定要帮她讨回公道！

就是这份信念，让我得以直面男主人，同时又把土地多卖给了他。

在这个案例中，我们能看到加贺田晃从少时贫苦的生活中遍尝了艰辛与冷暖，这让他对人的领悟和把握尤为准确。

第二，除了人生经验丰富，他对销售工作的悟性也让他成为洞悉人心的高手。

加贺田晃认为，不能够卖出去东西是对客户时间的浪费。他认为人是有"从属快感"的，这一点给了我很不同的认识。过去，我一直认为，人是向往权力和领导别人的，但是加贺田晃说，人其实是愿意被剥夺抵抗力的，人是渴望被领导的。这也许是因为人类的原罪之一就是懒惰，人的本能是跟从，而不是反抗，所以只要你给了对方一个合理的、伟大的理由，对方就会愿意跟着你走。

《当场就签单》中有加贺田晃亲身经历的一个案例：

那是有一次我在做学习读物的上门销售，当时那位太太在我施行了成交预演之后仍然不放弃抵抗：

"不瞒您说，上个月我丈夫刚刚去世了。我们家现在在领低保，天天吃了上顿没下顿的，所以学习读物什么的实在是买不……"

要是一般的销售员，听了这话也只有放弃了，但是我可不会放弃。我从容地站起来，用方圆好几户人家都能听到的声音大声喊道：

"太太！领低保算什么呀！钱算什么呀！这可关系到孩子一生呀！"

"……"太太被震得说不出话了。

这也难怪，被人在不到一米的距离内用这么激昂的情绪、这么大的声音一通大喊，任谁都会哑口无言。

自然，这户领低保的人家最后也签了合同买下了学习图书。

可能有的读者看到这儿，会觉得我简直没有人性，觉得我这才是货真价实的强买强卖。

可是大家回想一下。我是在为自己卖东西吗？

我是一心为顾客着想，把那些让我充满自信的商品卖给了他们。

我对此绝对问心无愧。为孩子将来考虑，有学习图书可以看绝对比没的看好。正因为我发自内心地这么觉得，才能充满自信地把商品卖给顾客。

第三，加贺田晃以"发心是为对方好"的价值观来贯穿自己的整个职业生涯。

他不是仅仅用"重"的销售之术来"击打"对方的心灵，还能够用轻轻拨动对方心弦的方式打动别人。他总结了自己掌控的人性：

每个人都一定会觉得是自己重要。

不管再怎么掩饰，哪怕面对的是自己的妻儿，人最最重视的还是自己。

人是一种对他人的痛苦有强大耐性，对自己的痛苦则毫无忍耐力的动物。听说别人得了重病住院，无非是一句"请多保重"了事，但放到自己身上，哪怕是拉了肚子、身上扎了刺之类的小事，也要折腾个天翻地覆。

而相对地，人无法忍耐他人幸福。听说邻居中了大奖，嘴上会说："不错呀！"心里却会翻江倒海："凭什么是你啊！"这就是现实。

人就是如此自私。这一点请不要忘记。

人的天性是永远把自己放在第一位，与其他人幸福，不如自己幸福。

怎样才能让无比重要的自己享受幸福呢？

要做到这点需要按部就班。在我们享受幸福之前，先要让对方享受幸福。

只要我们让吾妻吾子、吾友吾僚这些人先享受幸福，就可以让自己也享受幸福。请一定要记住：按部就班！

人世间讲究礼尚往来。所谓"礼尚往来"，就是先予而后取，是一种传递。我们一定会得回自己付出的东西，这就是这个世界的法则。我们要以人为镜。要让自己过得好，就一定先让对方过得好。

所以，如果我们执着于利益而去损害他人，一定会遭到以牙还牙、以眼还眼的对待。虐待孩子，孩子会报复我们；漠视妻子，妻子会起诉离婚。

销售也是如此。销售成败只是一个结果，在这之前我们还要遵守礼尚往来的原则。而基于这个原则，我们必须先让顾客得到实惠，才能得到顾客相应的回报。

以上的道理如果能够认真领会，并应用到生活中，很多事情的结果就会不一样。

这让我想到了多年前的一个下午。

那个下午，我要去见一个重要的客户，这个客户如果能够和我签一份合约，不但能够带来巨大的经济效益，而且能够实现良好的社会效益。

我坐在车上，想到这份合约如果能签成，能给更多人创造价值的时候，内心升腾出一种和以往不一样的感觉。

当时，我的手边有助理给我打印的很厚的客户资料。我本来是想按照收集来的信息，运用技巧"公关"一下对方的，但是突然，加贺田晃所提醒的"发心"让我改变了主意。

一种超越利益和个人得失的感觉让我几乎瞬间放松了下来，我的状态出奇地好。我不再紧张于对方一份合同能给我带来的影响，而是深感这是一件对社会有益的事，我尽力而为即可，其他的顺其自然。

正因为怀着这样的心情来见对方，所以他第一句话说的是"这个合作我已经答应别人了"，我并没有气恼。我想的是，既然都来了，能不能为这个客户做点儿什么。

所以，我说："没关系，我年轻，未来总有机会。但是，我感觉您气色不是很好……"

对方的情绪有一瞬间的变化，他说："我身体不好，上个月刚出院。"

我很认真地询问了他的情况，现场就给我一个知名的中医朋友打了电话，帮这位客户约了一下调理身体的时间。

后来，我出差结束，回到我的办公室的时候，我惊讶地发现，这份合约已经在等我了。

继《当场就签单》后，我一直在等着加贺田晃的新书，《当场就签单.2》的中文稿一出现，我就有幸先睹为快了。

这本新书最大的优势还是在于实在。

什么是实在，什么是不实在呢？

举个例子，有个从事销售的年轻人刚工作不久，也看了不少书，和客户的关系看起来还不错，但是他提了这样一个问题："我和客户谈得还不错，但是一到谈合同的时候，就会遇到很大的阻力，就发现工作很难推进下去。"

对这个事实的分析，实在的人和不实在的人是不一样的，不实在的人给你讲乔·吉拉德的故事：

1928 年 11 月 1 日，乔·吉拉德出生于美国底特律市的一个贫民家庭。9 岁时，乔·吉拉德开始给人擦鞋、送报，赚钱补贴家用。乔·吉拉德 16 岁就离开了学校，成为一名锅炉工，并在那里染上了严重的气喘病。后来，他成为一名建筑师。到 1963 年 1 月为止，盖了 13 年房子。35 岁以前，乔·吉拉德是个全盘的失败者，他患有相当严重的口吃，换过 40 份工作后仍一事无成，甚至当过小偷、开过赌场。35 岁那年，乔·吉拉德破产了，负债高达 6 万美元。为了生存下去，他走进了一家汽车经销店。3 年之后，乔·吉拉德以一年销售 1425 辆汽车的成绩打破了汽车销售的吉尼斯世界纪录。这个人在 15 年的汽车推销生涯中总共卖出了 13001 辆汽车，平均每天销售两三辆，而且全部是一对一销售给个人的。他也因此创造了吉尼斯汽车销售的世界纪录，同时获得了"世界上最伟大推销员"的称号。

讲完这个故事后，往往还要故弄玄虚地问一句："我想，你应该知道答案了吧？"

这样一种方式，会令听了这个故事的人暂时感受到振奋。当下觉得困难不算什么，但是过不了多久就会发现自己的问题依然没有得到解决。

所以，实在的人不会在书里讲述那么多太厉害的人的人生故事，而是会讲厉害的人所擅长的手段是什么。

回到刚才的问题，在这本新书里是没有这样一个问题的。但是基本上，读完这本新书，你会觉得按照加贺田晃整个销售流程的设计，即便到了签合同这个部分，也可能不会有太大的问题。比如，他讲到在签约前的销售阶段就要保持一种兴奋的状态。如果签约之前，销售人员以一种冷静分析的态度和客户交流，对方也会采取一种冷静的态度来分析合同。如果签约之前，销售人员能够出现一种适度的对产品的信心和"兴奋感"，让对方接收到一种产品物超所值的暗示，客户就会很容易被感染。在一种兴奋的状态和冷静的状态下谈合同，效果当然完全不同。

新书的风格便是如此，从一个销售人员的自我管理方面来看，我们可以从礼仪、状态、行动力等方面领会和活用作者的方法。

想管理客户，先要从自我管理开始。加贺田晃重视个人姿态、礼仪的作用，并以"共情"的原则贯穿整个销售阶段。

礼仪：在礼仪方面，不妨实行"双标"。在我们中国文化中，宋朝林逋的《省心录》中说道："以责人之心责己，则寡过；以恕己之心恕人，则全交。"意思就是要多检查自己，多给别人行方便。

比如，我们在日常生活中使用手机的礼仪。当我们去谈事情的时候，为了表示愿意全力倾听对方说话，不仅要用表情表示你在倾听对方说话，还可以把手机扣放在桌子上，让对方明白你是要拒绝手机的打扰，专心与他沟通。但是，在谈话过程中，如果对方的手机响起，加贺田晃所提出的建议如下：

　　此时此刻，如果你一声不吭，那必然会换来对方的一句："不好意思，我先接个电话，稍等一下。"

　　这种时候，一定要先出手！

　　在对方开口说话之前，快速抢先站起来说"请您先接电话吧"或者"请您先忙"，并迅速走向屋子的角落。

　　这样做的原因是什么呢？

如果你坐在原位不动的话，必然会听到对方打电话的内容，即使你原本并不想听。这是十分失礼的行为，并且对方也会因为你的存在而无法专心打电话。

所以，作为销售员的你，在听到电话铃响的那一瞬间，就要立刻说出"请您先忙"，并迅速离开当前的位置。这样一来，对方会觉得似乎欠了你的人情，便不好意思再拒绝你了，甚至还会想"这孩子真是懂事啊"，默默地给你"点赞"。

状态：加贺田晃对销售员的精神状态反复、多次提醒，不但不要说"太难了""不可能""做不到"，甚至都不要有这种想法。他在工作中会刻意要求自己多说"太简单了""没问题"等。

这两者之间的差异是很大的。一件事情当你觉得难的时候，它真的会难上加难。但是，当一个人下决心克服困难的时候，就会发现方法总比困难多。

常常有年轻人问我这样的问题：如何给别人留下深刻的

印象？如何让别人喜欢自己……以上问题的答案往往都要从当你自己拥有一个好的状态开始。

我有一位金牌销售员朋友，他早年有一个签成大单的机会。

他去拜访了一位客户。客户一直态度冷淡，但他并没有放弃。在一个中秋节前夕，他一如既往地去拜访客户。那天，他看见办公室里只有客户一个人。因为办公室只有他们两个人，这个客户也没有了平时的骄傲姿态，多了几分平易近人。

后来，客户接了个电话。客户通话的时间很长，我这个朋友拿起水杯又放了下来，因为水杯是空的。他主动帮客户倒了水，这个贴心的行为让对方略有感动。

后来，客户挂了电话，态度好了很多。他说的第一句话是："你怎么任何时候都乐呵呵的？"

话题打开了之后，关系自然就拉近了。

也许有的人会说，我也想让自己的状态好，但是我做不到，因为生活中糟糕的事情太多了，我没有办法成为加贺田晃所提倡的那种阳光、充满正能量的销售人员。

　　要知道，看问题的角度对于每个人成就什么样的自己至关重要。在心理学上，有一位现象级的心理学家阿尔伯特·艾利斯。据说，所有的心理学教科书上都会提到他，他被公认为十大最具影响力的应用心理学家第二名。卡尔·罗杰斯是第一名，第三名的名气更大，是弗洛伊德。

　　阿尔伯特·艾利斯给了我们一个很有启发的观点，即用"ABC 模型"来让我们明白，一个人是可以改变自己的情绪和状态的。

　　其中 A 是引发我们情绪的事件，B 是我们对它的观点、看法，C 是结果，也就是我们的情绪。这就是说，A 和 C 之间隐藏着一个 B。当我们意识到这个 B 的存在的时候，我们的状态是会不一样的。生活中，大部分情况是，我们只要产生坏情绪、状态不好，就都试着去改变 A、抱怨 A、抗拒 A，觉得必须是外在环境有所改变，我们才能开心起来。可我们忽略了一个事实，真正造成情绪 C 的，不是 A，而是 B。我们要努力改变的是自己对事物的信念、看法和期待，而不是去改变别人、改变环境。

行动力：加贺田晃是一个行动力很强的人，他的第一份工作是在一家房地产公司工作。当时，这家公司听信了银行的建议，盲目建了一座大楼。后来，这栋大楼在 3 个月的时间里没有卖出去半间。当他们找到加贺田晃的时候，加贺田晃起身就要去售楼处。

马上出现了拦阻的声音："这个楼卖不出去的，这个地方位置不好，房地产泡沫了……"加贺田晃说，他想给这位拦阻他的部长发奖状，发一个"只知为滞销找借口"的负能量冠军！

结果是，他去了，周六日接待了 10 组客人，当场收下定金，6 天内完成了所有售楼合同。

他在果断行动的背后有一种对于商品深入的洞察和理解。他认为世界上不存在完美无缺的商品，因为在这个世界上生活着的 70 多亿人都是满身缺点，满是缺点的人造不出完美的东西。

所以，只盯着消极的一面是毫无益处的，只有充分地行动，忽视消极情绪，重视积极因素的人才能创造成功。

一个没有行动力的、消极的人不但卖不掉东西，而且连自己的日子都过不明白。加贺田晃用少有的戏谑态度写了一个小故事：

> 我曾经在一家企业做过培训，那时认识了一个奇葩青年，他像没牙的老婆婆一样。我和他一起吃过几次饭，他每次必定会点一道豆腐。
>
> 我问他："要不要来点儿别的？"
>
> 他回答："不行，吃太硬的东西牙会疼。"
>
> "为什么不去看牙医呢？"
>
> "用机器磨牙太疼了……"
>
> （也不知道这个青年在家里是不是也只吃豆腐，甚至，我都不知道他是不是还健康地活着……）

销售是一个对行动力有高要求的工作，很多机会一闪即逝。天气越不好，越是你拜访客户的机会。门庭若市的时候，竞争对手众多，你的声音未必被听见。但是，当别人退缩、软弱、放松的时候，你知难而上，就多了一次机会。

不但对销售工作而言，对任何工作来说，行动力都是竞争力。

我在写作高情商系列丛书的时候也掌握了这个原则，从《高情商聊天术》《高情商沟通力》到《高情商交际学》，就是想强调一个人要想在人际交往中进行良性的互动，首先要会聊天，还要会沟通。但是，如果遇到对方不能与你聊天、不能与你说任何话的时候，你还得学会做一些什么，用你的行动带动对方。

比如，一个销售养生保健器材的人要向你推销他的产品。你和他一接触，不论他采用多么有趣的聊天方式、采取多么专心细致的演讲，如果你对喋喋不休的推销毫无兴趣，就不会浪费自己的时间和精力。

但换言之，如果此人懂一点儿中医的知识，能够对你说："请您伸出手可以吗？"你应该不会生硬地拒绝。如果他能够通过一些手部的按压动作帮你做个健康的小测试（即便不是特别精准），在这个过程中，他再聊一些保健方面的话题，你听起来就"顺耳"多了。

这就是行动的力量。当你的行为已经产生改变时，对方的"语言攻势"就会加强很多倍。

阅读一本书，一方面要把握作者的核心观点，另一方面还要用"举一反三"的思维方式和作者进行互动。

悉心研究这本《当场就签单.2》，80%的客户都会被加贺田晃的话术所打动，因为基于人性的分析，何时何地都不过时。结合加贺田晃的销售原则分享，我将自己的所思所得补充如下，便于读者了解在中国的语境中，在非销售的语言环境里，一起来活用加贺田晃的话术技巧。

销售话术之一：做客户的福星，愉快地交谈

中式运用：

我们中国人温柔敦厚、含蓄内敛的品质使我们即便要做对方的福星，也不愿意使用浮夸、直接的语言，于是我们可以选择这样的方式给客户带来好心情和好消息：

"我昨天参加了一个高端聚会，当时来了一个给明星打造过造型的时尚人士。我一见到她，就想到了你。"

"为什么？"

"因为她当时的着装，无论是从材质、颜色，还是从款式来看，都和你以前穿过的一套衣服相近度达90%。"

销售话术之二：说话时要朝向对方的胸口

中式运用：

加贺田晃提出的这个方法，本意还是希望客户重视你说的话。

所以，在此处，我补充的一点是：在中国，我们大部分情况下会和客户约在餐厅、咖啡厅谈事情，此时，不但要注意管理自己的声音被客户清晰地听到，还要注意——封锁客户的视线。具体方法是，提前坐到对方的位置上，看自己的视线会不会被玻璃窗外的车辆或者室内环境中的显示屏吸引，而影响谈话效果。

销售话术之三：喜欢上你的沟通对象

中式运用：

我们中国人一方面温柔敦厚，另一方面也能心直口快。温柔敦厚之时要学会表达情感，心直口快之时要学会适当

"收一下"。

比如，你的沟通对象有缺点，你要给他提建议。当对方的行为错的时候，你可以先从肯定对方的动机开始，采用"先肯定，后建议"的方法。

"你本来是希望通过这次创业，不但做出好的产品，而且能让大家在经济上获得很好的收益。不过，创业难免有风险。如果能在一开始就给大家做个风险提示，这样就会更稳。即便遇到一些不良的情况，大家也不会觉得被欺骗了，而是会齐心协力一起克服困难。"

销售话术之四：使用华丽的语言，向对方致以最高的敬意

中式运用：

我们中国人不太擅长使用华丽的语言，我们在平常与人打交道，要说服别人的时候，就会想到"以利诱人"。但是我们想想，当别人想说服我们的时候，如果仅仅靠"以利诱人"，我们会接受吗？

当一份工作出现难度的时候，如果你的老板说，给你加

500元，让你周末来解决，你却有其他的安排，你可能会轻松地拒绝。如果老板在承诺给你加班费之外，承认你是这方面问题的专家，你来加班的意义就大了很多。你就不会因为不能陪在家人身边而感到心里不舒服，而是会感到自己很重要，并在加班后带着愉快的心情回家。

销售话术之五：使用准确的销售敬语

中式运用：

加贺田晃认为，当与对方约时间的时候，说"明天下午3点见"远不如"明日下午3点左右前去拜访"给对方的感觉好，我们完全可以变通地使用加贺田晃提倡的与人沟通的方法，多用不给对方制造紧张感的词语。

比如，当我们和客户约吃饭地点的时候，我们要以让对方更加方便为主。因为现在这个时代，人与人的交往早已不是"一顿大餐"能够加深的了。时间对每个人来说都是稀缺资源，所以在商量吃饭谈事情的时候，不妨改成："这次我们就选您平常最方便去的餐厅可以吗？"

销售话术之六：引导对话的节奏

中式运用：

要学会成为话题的掌控者，而不是只能招架对方的问题。比如，在对方主动要求你做一件你不可能答应对方的事情的时候，要学会使用"合理拒绝"的说话模式。首先要表明不能帮助对方的真正理由是什么，其次要明确地表示拒绝。最关键的一步是提出替代方案，替代方案往往暗含着谈判中最重要的"交换原则"。

比如，对方让你免费送货，你的回答可以是这样的："公司有规定，产品数量不超过 500 是不能送货的（用公司规定表明并非针对对方个人的拒绝），所以我无法帮到你（明确表态，不给对方再幻想的可能性）。但是，如果您能够增加订单的数量，我是非常愿意去协调上门送货时间的。比如，给其他客户的送货期是 1 个月，我可以通过密切衔接公司内部的流程，安排在 15 天内送货（此处给了对方特殊的对待，凸显了对方在你心中的位置。同时，也给了对方一个实实在在的善意的信号。如果对方真的对货物到达的时间有要求，15 天的送货期有可能使对方增加订单数量）。

销售话术之七：丢掉羞耻心

中式运用：

尤其在表达感谢的时候，我们不能扭捏和僵硬，这样只会让对方也很尴尬，不知道该怎么回应。我们可以在别人做得好的时候，当下就给予肯定和反馈。而且，还要提醒自己的是，只有一次道谢是不够的，下次见面的时候还要再来一次。这样，当你习惯了用"多次道谢"来表达心意的时候，你就能越来越自然地肯定别人，并与别人交往了。

销售话术之八：说话时调动你的心灵、脸部以及整个身体

中式运用：

当我们用很好的情感反应来回应对方的时候，对方接收到了你的信息，你所要谈的事情往往就会事半功倍。此处，我分享一个把自己和周围的一切都用到极致的好的谈话案例。

我的一个朋友去采访一位失明人士，他说对方不但能用表情来"吸收"他的提问，而且调动了环境里一切的氛围来映衬自己要传达的故事。这位失明人士当时在屋子里放了很

轻柔的音乐，舒缓、平和，他讲的故事也是自己在国外旅游途中所遇到的美好。用朋友的话来说，他感觉自己的采访者虽然看不到他，但是他却被对方深深地"撞击"了。

一次好的对话，往往要利用周围一切的音效，让你的声音走入对方的心灵。

销售话术之九：说话时区分轻重缓急

中式运用：

我在《高情商聊天术》这本书里写到"停顿"在沟通中的重要作用：

在我的朋友中，有一位金牌销售老李，他说话非但不快，有时候你认真听，还会听出来他有一些口吃。可在他的客户看来，老李在说话上的这个缺点却是和他的整体形象配套的：老李给人一种老实敦厚，永远不会花言巧语的感觉。

还有一些电视节目主持人，你初看他们的时候，不觉得他们的外形有什么特别大的优势，听他们说话也听不出有太多的内涵，甚至感觉不到他们的反应有多快。可是，有的节目需要的就是他们的这种感觉：毫无攻击性，令观众感觉此人很有眼缘；没有倾向性，把更多表达和抒发观点的机会留给嘉宾。

我们在请求别人帮忙的时候，更需要这一点。你当然不必模仿口吃，却可以在言谈中制造一些停顿，让自己的话说得没有那么快。这样做至少可以起到两个作用：第一，让对方感受到你内心是不愿意给他添麻烦的，你也是鼓足了勇气才提出请求的；第二，让对方的神经由紧绷到放松，当他放松的时候就更愿意接受你的请求了。

例如，你说："我有一个提议，只是不知道可不可以。"

对方说："你说吧。"

你不要立即提，而是停顿一下，说："嗯……"

对方此时已进入一个紧张的等待状态，他会说："没关系，你先说说看。"

此时，你说："我希望这个周末，你能陪我去看一场电影。"

如果你是一位女士，这样的对话会显得你是含蓄、不轻浮的；如果你是一位男士，这样的对话则显得你是一位略显紧张、害怕被拒绝的优雅绅士。

当对方这样看待你的时候，就会对你产生不忍伤害之心。这样，不管对方是否答应你的请求，你在对方心目中的良好形象都没有因为这个请求而遭到破坏，反而更加深了对你的好感。

销售话术之十：节奏分明，发音清楚

中式运用：

加贺田晃提出了销售时可以提升说话的语速，这个提法和"必要时的停顿"并不矛盾，重在给对方一种明快的节奏，给对方一种感觉——你是一个积极、利索的人。

此处如果能配合行动将更容易征服对方。比如，当别人说"我想看看样品"时，如果你事后一个星期才想起来给对方快递，和你明快地答应，然后在 3 天之内就把东西送到对方的手上，感受是完全不同的。

销售话术之十一：友好、亲切地交谈

中式运用：

礼仪和死板是两回事，我们说话的态度可以是恭敬的，但是态度和深情要制造一种友好的氛围。比如，当我们和对方约了一起吃午餐、一起简短地谈事情的时候，一定不要在点菜的时候表现得心不在焉。这样会让对方感觉你只是为了谈事情，完成自己的目的，根本不享受和他吃饭的过程，没有人希望自己成为对方的猎物。记住，越是影响力大的人越是在乎别人是真正被他的人格魅力所折服，还是仅仅为了利用他完成自己想做的事情。

销售话术之十二：说话时表现出兴奋

中式运用：

加贺田晃提出的适度兴奋是为了让对方感受到你对自己产品的自信。在实际操作中，我们还可以借助沟通道具传达同样的信号。我在《高情商沟通力》中提到，当你围绕着你

的产品进行讲解，并且对外观做了一定的赞美时，就会对对方的心理产生影响。

一位金牌销售员是这样帮助灯具销售人员设计沟通流程的。

他为销售灯具的业务员做培训，在出谋划策之前，先咨询了公司业务员的业务流程和一些具体的操作细节。灯具公司的业务员销售灯具时，通常是带一个大大的纸箱子装灯具，然后用废报纸塞好箱子的空隙，直接去拜访客户。

金牌销售员召集所有业务员开会，用自己的方式，向大家展示了他的作品：一个非常高级的模具盒子出现在了大家的面前。金牌销售员打开盒子，大家看到灯具在一个塑好形状的塑料泡沫里安静地躺着，让人感觉灯具高档了很多。

他的标准操作是这样的：拿出灯具之前，他拿起灯具盒里备好的一副白手套，伸出手，认真地戴上手套，显得认真、虔诚；再用戴着白手套的手将灯具托出来，向大家展示灯具，并讲解灯的特色。

所有的业务员都被他的精心设计折服了。他说："任何客户伸出手拿灯具观看的时候，不论客户多有钱，一定要说："先生，请戴上我为您准备的手套。'"

在这个案例中，我们可以感受到道具的威力。这个道具让一个灯具的展示者显得训练有素，并让人对产品产生了一种欣赏工艺品的感觉。

这位金牌销售员要表达的对自己产品的态度和加贺田晃要传达的意思如出一辙。

以上仅仅是我个人在阅读时的一己之见。

最后祝所有读者在这本新书中，学到更多具体问题的解决办法。我相信，只要多使用举一反三的思维，我们一定能够受益良多。